理想の注文住宅を建てたい！

価格の見える家づくりの教科書

本間貴史 Takafumi Homma

東洋経済新報社

プロローグ

はじめまして。私は、仙台市で設計事務所を営む者です。これまで東北地方を中心に全国各地で住宅や施設など数々の建築設計に携わってきました。テレビ番組『大改造!!　劇的ビフォーアフター』に8回ほど出演したこともあるので、そちらのほうで記憶していただいている方も、もしかしたらいらっしゃるかもしれません。

本書を書き始めたのは、私が常日頃から感じていた建築業界のジレンマと、それに対する私なりの取り組みを紹介できないかという思いからでした。

「建て主さんの思いを徹底して追求する建築家でありたい」。新築でもリフォームでも家のことは何でも頼める町医者のような建築家を目指していた私にとって、建て主さんの思いに寄り添うたびにぶつかる壁がありました。

一生に一度の買い物といわれる家づくり。妥協したくないのに、希望と予算が折り合わない。いったいどうすればいいのでしょうか？

本書は、そんな疑問に応える方法をまとめたものです。従来の家づくりとはちょっと違っていて、専門的で難しい部分もありますが分かりやすくマンガで紹介し、その後に解説文を載せています。

マンガに登場する主人公は、これから家を建てようと考えているごく普通の家庭のご夫婦です。住宅展示場を巡って、気に入ったハウスメーカーに見積もりとプランを依頼します。でも、夢や希望を満載した見積書は、びっくりするほど予算からかけ離れてしまいます。

家づくりって大変！　そんなとき、ご夫婦の元同僚が家を新築します。新築パーティーに行ったご夫婦の見たものは……。

そこには、建築業界の知られざる現実と、目から鱗のお話がありました。元同僚は驚くような方法で夢を実現したのです。実は、日本ではあまり知られていない建築生産方式ですが、世界ではメジャーな建築方式の一つでもあります。せっかくなら建築産業の裏側をほんの少し学んでから、家づくりに臨んでも遅くはないと思います。

私の230件超の建築設計実績の中で、130件ほどをこの方式で建築しています。

まずは、家づくりについて私の思うことをお話ししてから、この方式について詳しく紹介していきたいと思います。

2020年3月

本間貴史

理想の注文住宅を建てたい！　目次

第1章

家づくりについて思うこと

家の価格に無頓着な日本人

みなさんは、商品を買う時はどこでお求めになりますか？　例えば家電製品であれば、家電量販店で買う人もいるでしょうし、家電量販店で見た商品を最安値で買える店舗をネットで見つけて買う人もいるでしょう。本であれば、本屋で買う人もいるし、ブックオフのようなリサイクルショップで買ったり、アマゾンで買ったりもするでしょう。

このように購入ルートは本当に多種多様になってきました。これは、消費者がより良いものをより安く、あるいはより納得のいく価格で購入することに意欲的になったことに他なりません。

ところが未だに購入ルートの種類が広がらない業界が存在することも事実です。

その一つが、「住宅」でしょう。おそらくほとんどの人にとって一生に一度の高価な買い物なのにもかかわらずです。

逆に一生に一度の買い物だからということで、過剰に保守的になっているのも確かでしょう。ほとんどの方が、住宅購入の際には、「ハウスメーカー」あるいは「工務店」を選択されていることだと思います。そのほうが「安心」だからということで。

確かにそういった大手業者に依頼すれば、「安心」ではありますが、価格とクオリティに心の底から納得するためには、大手業者以外にも目を向けていただきたいのです。とはいうものの、よく知らない業者に発注するのはかなり抵抗があると思います。

でもちょっと考えてみてください。例えば昭和の時代に洋服を買うのは、百貨店がオーソドックスだといわれていました。当時もスーパーや小さな商店でも売ってはいましたが、百貨店で購入するほうが知名度もあるし、「安心」という意識が根強かったのです。

ところが、平成になってしばらくしてからネットショッピングが登場します。はじめのうちは、「ネットで買うのは怪しい」とか、「知らない店での買い物は不安」とか「サイズが合うか分からないし、イメージが違ったら嫌だ」ということで敬遠されていましたが、今はどうでしょう。すっかり定着してしまいました。なぜなら、ネットのショップは百貨店のような知名度がない分、他のことで勝負を挑んでいるからです。それは百貨店のような高付加価値なサービスを取り除くことによる低価格設定であったり、百貨店にない多種多様な商品を取り扱うことだったりします。

そして、今では百貨店で下見をしてから、同じものをネットで安く購入することが普通になりつつあります。もう消費者からしてみれば、同じ商品、あるいは似たような商品であれば百貨店である必要はまったくなく、ネットのショップでも十分なのです。

私は、こういったムーブメントが建築界で起きてもおかしくないと思います。実際、一部の設計事務所ではＣＭ分離発注方式で、価格構成を見える化し、住宅を提供しています。これは、大手業者にはない強みだと思っています。一生に一度の高価な買い物ですから、よほど経済的に余裕のある人でない限り、住宅の価格構成に無頓着でいることは損だと思うのです。

日本だけの特殊な事情

実は、戦前の都市の日本人はほとんど借家に住んでいました。昔は土地の借地権は安く、買った借地権で、小作の家を何軒か建て、老後の収入にするという形が一般的でした。それで、高齢者たちは退職金で家を二～三軒建て老後を過ごせました。国家が老後を保障してくれない時代の庶民の知恵だったのです。ですから、家は引越ししても困らないほど、どこにでもたくさん用意されていました。

それが戦後なくなりました。戦時中に不足する住宅を確保するために借地借家法が生まれ、悪徳な家主を取り締まるために家賃の制限をすることによって、借りている人の権利を強くしました。そのために、地主たちは借地権を高くしました。結果、安い借家が建設、維持できなくなり日本の民間借家産業は消滅しました。

代わって、登場してきたのが、持家政策でした。

終戦直後は戦勝国も、敗戦国も戦災復興ということで、住宅が徹底的に不足していました。よって、国が率先してあちこちから借金をしてまで公営住宅を供給しました。しかし、日本だけは違っていたのです。諸外国と違ってなけなしの金や外国から借りた金を、九州の鉄鋼と石炭に投資してしまったのです。

その理由は、「まず日本を豊かにしよう。そうすれば産業が豊かになり、会社も豊かになる。そして国民の給料も上がるので、それで家を建てましょう」ということでした。民間借家もなければ、政府も何もしてくれない中で、まず産業復興が大事だといわれて、一生懸命に働いて自分で家を建てるようになったのです。
そしてそれは今もまったく疑問なく続けられています。日本人は真面目だとつくづく思いますね。

衣・食・住の「住」だけが立ち遅れている

先進国の中で一戸建てを自分で建てて住むというかたちをとっている国は、あまりありません。ヨーロッパ諸国ではよほどの富裕層でないとできないのです。アメリカも一戸建てを自分で取得するというスタイルではありますが、日本と違い、建売住宅産業や、デベロッパーの市場が整備されていて、自分たちの生活レベルの変化に応じて一戸建てを買い換えていくというかたちをとっています。

一方、日本の場合は、自分一代で自邸をつくり上げるというのが主流になっています。戦前は、農村社会であったため、村中の人の負担で家をつくってくれました。今の家はほとんど世帯主の収入だけで建てることになるので、その負担は昔よりもはるかに大きくのしかかってきました。

しかし、日本に限らず、欧米の大都市も住宅が高くて、住宅取得には日本と同じように負担がかかるのではないかと思われます。確かにそうですが、取得後の住宅の価値が日本と欧米では異なるのです。日本では住宅の価値は購入時がマックスでその後はだんだん価値が下がる一方なのに対し、欧米では、住宅は購入時から価値が下がらないどころか、メンテナンスやＤＩＹを施し、付加価値を高めて価値を上げることが往々にしてあるのです。ですから、高額で取得しても転売が容易ですから、住宅取得の負担は日本よりも軽いのです。

日本は住宅の取得に負担がかかるため、少しでも安上がりな仕上げを使おうとした結果、だんだん価値が下がる住宅になってしまっているのです。これは戦後の住宅の特徴ですね。

今も残っている戦前の個人の邸宅は上質につくられていて、今なおその存在感は色あせておりません。それに引き替え、今の住宅は量産されたプレハブ住宅が多く、上質とは縁遠いものも少なくありません。

では、少しでも安く上質な住宅を建てるにはどうすればよいのでしょうか？　それは、個人個人が住宅にもっと興味を持つことだと思います。

衣・食・住の「衣」と「食」は日本においてはかなり成熟していると思います。「住」だけがかなり立ち遅れているのです。立ち遅れてしまった原因は、先ほど述べたように、住の経済的負担が重いということもありますが、一般人が住について学ぶ機会が皆無に等しいからだと思っています。

例えば「住」の先進国北欧では、小学校の高学年から建築の教科書があります。そこには絵が主流ではあるけれど、図面の読み方、描き方、家具の種類、電気のコンセントなどが載っています。家のことだけでなく、都市や風景といった大きい部分でも調和を考える授業があります。北欧だけでなく、その他の先進国でも、女子は、インテリアコーディネーション、カラーコーディネーション、家具、照明、ファブリックについて学び、男子も家の修理や、ペンキの塗り方、電気器具の修理の仕方、ハウスメンテナンスなどについて学びます。

でも、日本でも最近少しですが、こだわりを持って自邸を建てていらっしゃる方も増えてきたように思います。そのような人たちは、多少手間がかかっても、建築家にお任せではなく、一緒につくっていく意識が高いです。

「そりゃあ、注文住宅を頼める人はお金があるから当然だ！」という意見を多く聞きます。いえいえ、それは違うのです。ファッションでも、上から下までお任せで、一流ブランドで統一するとかえって野暮ったく見えてしまいます。こだわりを持ってお金をかけるところ、かけないところを、きちんと見極める、このカスタマイズが住まいのセンスを左右するのです。

こだわりのある空間にいると、自分のライフスタイルもセンスが磨かれ、それがやがて、自分の人生に反映されます。

注文住宅は高いという偏見を持たずに、自分でつくり上げる意識を高めてはいかがでしょうか。たかが住宅、されど住宅、この良し悪しで人生が変わるといっても過言ではないでしょう。

新築が好きな日本人

２０１８年の国土交通省の調べによると、「住宅着工戸数」の年率換算値は日本では約95万戸、アメリカでは約１２０万戸でした。人口は日本が1億２６００万人で、アメリカが3億２７００万人であることから、いかに日本が多いかが分かります。日本では、売買される住宅も9割が新築ですが、アメリカでは中古が8割、イギリスが9割、フランスが7割弱です。もう、日本は異常な新築好きといってよいでしょう。

理由はいくつかあるのですが、総じて日本人は「キレイ好き」「清潔好き」ということがいえると思います。他人が使った後は何だか嫌だという潔癖な感じです。さらに横並び意識もあるので、周囲が新築を買う人が多い中で、中古を買うことは体裁が悪かったりして躊躇することもあるようです。

地震が多い国であることから、中古は耐震性についての不安があると思います。古い建物でも耐震診断をうけて耐震改修した物件もあり、それは重要事項説明書にも記されているのですが、あまりそういうことは知られていません。

また、税制や住宅ローンなどが、新築よりも条件が厳しかったりします。例えば、築年数が経っているものだと、住宅ローンを組むのが難しかったり、返済期間が短くなったりする場合があり、制度自体が中古の流通を難しくしています。

中古物件を売却するときも、売り急ぐ場合が多いためか、見栄えを良くリフォームするなどして付加価値を付け少しでも高く売ろうとはせず、低価格での取引に妥協してしまいます。こういう状況が、土地は価値があるが、古家はタダ同然、というゆるぎない価値観を植えつけてしまったのだと思います。

これらの要因の根底にあるのは、日本の住宅が極めて短命なことにあります。これから詳しく述べていきたいと思います。

短命な日本の住宅

日本の住宅の寿命は、平均して26年程度といわれています。欧米ではその3倍または、それ以上の住宅寿命であるのに対して、極端に短いのです。なぜでしょうか？

理由の一つは、戦後の復興期を経て日本政府の「持家政策」により戸建住宅が急激に増加したからです。すなわち安価な材料と簡便な工法による決して良質とはいえない住宅が普及することになって、ウサギ小屋と揶揄されるような住宅が数多く供給されてきました。そうしてできた住宅は増改築が非常にやりにくい構造になっていることが多いです。

理由のもう一つは、日本人の核家族化とライフスタイルの変化です。かつて、日本の住宅が田の字の和室群で成り立っていた当時は、ふすまで仕切り、またはふすまを外すことによって多様な可変性を持ち合わせていました。元々、和室は極めてフレキシブルな空間なのです。つまり、家族の変化に対応できるつくりだったのです。

しかし、高度成長期、日本人の住まい方は劇的に変わっていきました。生涯において家族数がピークの時期に住宅を新築し、子どもに専用の居室を与えるようになりました。敷地の狭さにかかわらず、浸透していった洋室志向、個室志向によって、壁で細かく仕切られた一室一室はその用途でしかなくなりました。そしてその壁には筋交いが入れられました。耐震性を考え良かれと思って筋交いを入れるのですが、それは将来、間仕切りを壊すことを想定していないことになります。

やがてこのことが、日本の住宅の寿命を短くする一因になったと私は考えています。家族構成の変化、生活様式の変化が生じた時、間取りを変えていくことが極めて困難となってしまったからです。戦前に建てられた住宅の寿命のほうが長いことからもそれはうかがえるのではないでしょうか。

また、日本では竣工時にすべてを完成品にすることにこだわりすぎている傾向があります。例えば、欧米では古い建築ほど価値を見出し、日曜大工にいそしみながらとても大切に住み続けています。

以前、オーストラリアの知人のお宅にお邪魔した際、そこの主である老婦人が、「このテーブルクロスは私のひいお婆ちゃんが編んだものなんです。ずっとこの家で大切に受け継がれてきたんですよ」と自慢げにレース編みのクロスのお話をしてくださいました。繊細な素材であるがゆえ丁寧に手洗いしてきたとのことですが、何よりもその精神にはっとさせられました。

最近の日本の住まいは竣工時が一番美しく、年月とともにどんどん老朽化して数十年後には建て替えるのが当たり前になっています。それは「スクラップ・アンド・ビルド」などといわれる悪しき風潮でしょう。日本は伊勢神宮ですら、20年で壊して建て替えています。木造だからでしょうか？ いいえ、法隆寺は木造でも１３００年経っています。

日本では、土地だけが価値を持つものとされています。それは日本が農業国だった時の、土地だけが農作物という形の利益を上げられるという考え方に起因しているのかもしれません。日本では土地が有料で家は無料の感覚ですが、アメリカですと、家が有料で土地が無料という感覚です。実際アメリカの家は１００年以上経っているものも多いです。一方日本の住宅は二十数年で建て替えられるのがほとんどで、耐用年数70年といわれているコンクリート造でさえそうなのですから、もったいない話です。

でも、もうそんなことが通用する時代ではありません。本格的な「ストック」となりうるものを目指し、維持・改修を重ねていけるものにすることこそ、私たち日本人が置き忘れてきたものであり、取り戻さなければいけない精神なのではないでしょうか。

例えば、不変ではない家族のかたちにあった住まいにするためには、最初からつくりすぎないのも一つの方法です。人目につかない部屋の内装仕上げは後の楽しみにとっておくとか、最初から○○室、○○室と決めるのではなく、サブリビングとして利用し、子どもたちが成長したら2部屋にするなど、家族とともに成長する住まいのかたちがあってもよいはずです。

ライフサイクルを建て主自身が考えて、セルフビルドの精神で住まいを変えていけたら、そしてそれが容易な構造であったら、従来の使い捨てにも似た日本の住宅事情を少しでも改善していけるのではないかと思います。

世間が抱く建築家のイメージ

昭和の時代は、建築家といえば、自分たちとは別世界の人間だと認識されることが多かったと思います。テレビドラマで建築家といえば、医者、弁護士に並ぶセレブの代名詞でした。

落水荘(1)、旧帝国ホテルの設計で有名なアメリカの巨匠、フランク・ロイド・ライトは、新しい家の設計のたびに建て主夫人と恋に落ち、6回も結婚したという経歴の持ち主でしたし、日本でも、黒川紀章は女優の若尾文子と結婚し、晩年は政界進出を試みるなど、一般の国民とはかけ離れた人生を送っ

1　アメリカの建築家フランク・ロイド・ライトによって1936年につくられた建物。ペンシルベニア州のピッツバーグから南東に80kmほどの場所にあり、エドガー・カウフマンの邸宅としてつくられました。

ていました。

また、渡辺淳一さんの『ひとひらの雪』に登場する建築家は会議に出ているか、事務所の所員のスケッチをチラっと見てGOサインを出すだけで、あとは人妻とヨーロッパ旅行に行ってしまう超肉食派であるし、『冬のソナタ』のヨン様が演じる主人公も建築家でした。

現在は、さすがにセレブな誤解はないものの、デザインに固執する人、それもデザインを押し付けてくる人という、見映えばかりのイメージを持たれている方が多いように思います。

建て主さんもデザインにこだわる方が増えたためか、ハウスメーカーも建築家と手を組んで新商品を出していたり、広告でもデザイナーズ物件、デザイナーズマンションなどを多く見かけるようになりました。

「この建築家に依頼した」という一種のブランド志向的な発想でそれを良しとする建て主さんもいらっしゃるかもしれませんが、建築家はファッションデザイナーとは違い、新作を発表してモードを牽引する立場ではありません。

これまでの認識は、「建築家=自己満足なデザインを押し付ける人」だったのですが、本来はそうであってはいけないのです。建築家や設計事務所は住まい手の代理人的役割を担うべきだと思っています。建築のデザインとは、「見映えを創造する作業」ではなく、建て主の生活を考えた機能美、必然的なデザインであるべきでしょう。

住宅設計は好きでないとやれない

先ほど、建築家というものは、一般人が考えているほどセレブではないと申し上げましたが、住宅設計を仕事の中心とする建築家であればセレブは、なおさら遠い存在であります。

というのは、住宅設計というのは、時間がかかる割にはギャラが少ないからです。だから大手は絶対にやりたがりません。商業ビルなどと違って、住宅設計の場合、建て主は建築の知識がない場合が多いものですから打ち合わせだけでも相当な時間がかかります。実現不可能な要望をいかに現実的な満足に落とし込むかに時間がかかるのです。そして人生一度あるかないかのイベントであるため、思い入れもひとしおなので、そうした思いも受け止めるためにかなりな重労働になります。

また、大手設計事務所が住宅設計をやらないのと同じく、大手の**施工会社**(2)も住宅の施工はやりません。なので、住宅を手がける施工業者の中には施工図面を描けない場合もあります（設計事務所が描く基本図、実施図の他に業者は通常自分たち専用の施工図を描く）。そうなると、描き起こす図面の量も半端ではないです。

さらに現場での想定外やハプニングに対応する役割もこなすことを考えると、全くもって割に合わない職業の一つだと思います。

では、「何で住宅設計をやっているのですか？」と問われれば、仕事が好きの一言に尽きます。建て主さんもいろいろで、本当に難しい人もいらっしゃいますが、数ある建築家の中から選んでもらっているわけですから基本的には感謝の思いでいっぱいです。

2　住宅の工事がスムーズに行えるように、主に職人（トビ、大工、左官、板金、電気、水道その他）など専門工事業者をマネジメントし、工事を実施する業者のこと。建設会社、サブコン、ゼネコン、工務店などがこれにあたります。

そして、バックボーンが様々の建て主さんたちと「家をつくる」という一つのテーマで、真剣に話し合うのは何よりの勉強になります。職人さんも同様です。一緒にものをつくっていく同志として裸でぶつかっていけば分かり合えることがほとんどです。中には今までやったことのない実験的な試みをする場合もあり、それが成功した時の感動は建築家冥利に尽きるといっても過言ではないでしょう。なので、住宅設計をやっている建築家に儲け主義な人はいないだろうから、建築家に「敷居が高い」なんて気後れする必要はまったくないのです。

建築家は建物のお医者さん

設計事務所が設計図をつくるというのは、誰もが知るところですが、建築家や設計事務所というものがどんな役割を持っているのか社会的にあまり認知されていないのが実情です。

ハウスメーカーや工務店では、表向きは設計料がタダといわれていますが、これは表向きの姿勢にすぎません。実際には見積もりに記載されていないだけで、設計料は必ずどこかで徴収されています。しかも、施工をする側の事情が優先されがちで建て主の希望を十分にかなえることが困難な場合が多いのです。

建築家・設計事務所は、建て主さんの希望やライフスタイル、敷地の状況、環境などを細かく診断して最適なカルテ（設計図）をつくる建物のお医者さんであり、施工業者から出された見積書を厳しくチェックし、資金を上手に生かし、希望を最大限にかなえる建物づくりの財務マンでもあります。そして、建設会社から独立した第三の立場で、建て主さんの利益を守る建築家は、純粋に建て主さんの立場に立つことができる建て主さんの代理人であることも覚えておいていただきたいです。

家を建てるということは、一生においてそう何度もあることではありません。それだけ大きな買い物なのですから、もっと住み心地やライフスタイルにこだわりを持ってよいはずです。もっとわがままになるべきです。

やりたいことはやりたい、こういう暮らし方をしたいなど、どんなわがままな条件を出されたとしても、できる限りそれに応じてまとめ上げていくのがプロの設計者の役割なのです。

第2章

家づくりの夢と現実

【第2章～第5章のマンガについて】
監修／株式会社イエヒト
編集・マンガ制作／株式会社ラ・コミック
マンガ／高下知代
DTP／飯島幸恵

理想の注文住宅を建てたい！

価格の見える家づくりの教科書

驚くほど節約できたわ！
あきらめていたことが実現した！

主な登場人物

※登場人物・団体名は一部を除き架空の物です。

山田《やまだ》家の人々

耕司《こうじ》
44歳。中学校教師。
趣味は写真、
そば打ち、読書。

沙織《さおり》
41歳。中学校教師。
耕司の妻。
お茶、花、読書、
運動が好き。

健太《けんた》
長男。
中学一年生。

紗香《さやか》
長女。
小学五年生。

小出《こいで》みさえ
45歳。隆弘の妻。

小出隆弘《こいでたかひろ》
44歳。山田耕司・沙織の
共通の友人。（元同僚）

熊野《くまの》 晃《あきら》
一級建築士。
オープンネット会員。
愛称は「クマさん」

ハウスメーカー
7社大集合!
住宅博覧会
子どもたちも大きくなり
妻から「そろそろ家を建てよう」
という話が出た
○○ハウス
イベント
コーナー
カッコイイ
家だね！
土地は別にして
建物にかけられるのは
２５００万円が限度
どこまで我が家の希望は
叶えられるのだろう？

私 アイランド型のキッチンに憧れてるのよね
そば打ちもできそうだな
僕の部屋はギターの練習ができるようにしてよ
私の部屋には洋服がたくさん入るクローゼット！
駐車場は2台分必要ね
ゆったりと本が読めたり友人を招いてパーティができるリビングがいいわ
それにたくさんの本やDVDとかを保管するスペースもいるし…
じーーー
パパどうしたの？
ここに薪《まき》ストーブがあるといい感じになるよな！

薪ストーブ？面倒臭いわよ あなた 薪割りできるの？
できるさ！…そうだ 薪を置く場所も必要だな
イベントコーナー
アンケートにお答えの方全員にプレゼント
受付
よろしければアンケートをお願いします
○○工法
ユニットバスじゃなくてちょっと広めのタイル張りのお風呂にできますか？
○○ハウス
できなくはないですよ
ありがとうございました！
受付
いくつかの展示場を回ったけどツーバイフォーとか軽量鉄骨とか色々な工法があるんだな

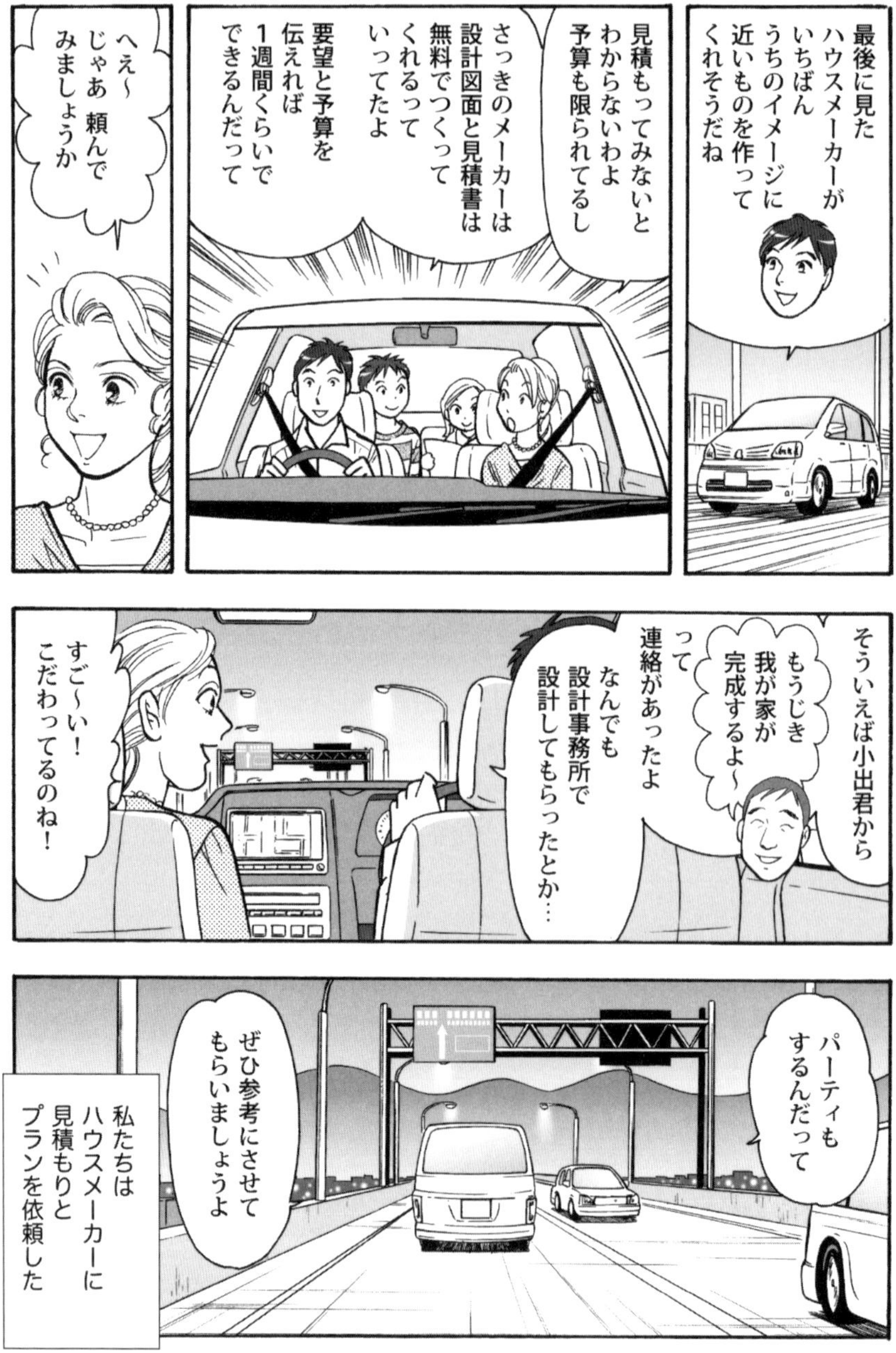
最後に見たハウスメーカーがいちばんうちのイメージに近いものを作ってくれそうだね
見積もってみないとわからないわよ予算も限られてるし
さっきのメーカーは設計図面と見積書は無料でつくってくれるっていってたよ
要望と予算を伝えれば1週間くらいでできるんだって
へえ～じゃあ 頼んでみましょうか
そういえば小出君から
もうじき我が家が完成するよ～
って連絡があったよ
なんでも設計事務所で設計してもらったとか…
すご～い！こだわってるのね！
パーティもするんだって
ぜひ参考にさせてもらいましょうよ
私たちはハウスメーカーに見積もりとプランを依頼した

1週間後
ごめんください ○○ハウスです 先日は ご来場いただき ありがとう ございます！
弊社の 基本プランに オプションで 杉板の壁 タイルのお風呂 薪ストーブ アイランド型 キッチン 2000冊入る 本棚を入れますと
だいたい このくらいに なります
え～っ こんなに かかるの!?
御見積書
なにぶん オプションが 多いもので…
例えば これと これと これと これ… あと…ここを やめて…
壁の一部を クロスにすれば だいたい 予算内に 収まるかと…
ああああ
すみません… ちょっと考えさせて ください…

シャイナラ〜
薪ストーブ
はあ
家づくりって けっこう エネルギーが いるね…
シャイナラ〜
アイランド型 キッチン
そうね… わからないこと ばかりだわ…
ホケー
ジョロ ジョロ
もうちょっと 家づくりの本を 読んだり いろんな建物を 見学してみようか…
そうね…
…
そういえば 小出さん宅の 新築パーティ 明日だったわね
早めに行って ゆっくり見学させて もらいましょうよ

住宅展示場

家づくりを思い立ったら、おそらく住宅展示場に行く**建て主**[3]さんが少なくないと思います。

そこは、様々な**ハウスメーカー**[4]の住宅をアトラクションのように体感できる、テーマパークのような空間です。子どもが飽きないような遊具や、時には人気キャラクターのショーが開催されたり、訪れる家族を魅了するに余りある工夫がされています。

何よりも、そこに行けば様々なハウスメーカーの住宅をリアルに体感しながら比較検討できるのが魅力ではないでしょうか。

家づくりは一生に一度の大きな買い物。家族一人ひとりの夢や希望を取り入れた家にしたい！　誰もがそう思います。

ここに登場する山田さん家族もそうです。家族それぞれの夢はどんどん膨らみ、そんな希望を全部取り入れたプランと見積書を、ハウスメーカーは無料でつくってくれます。それも、ハウスメーカーの魅力の一つです。

夢と現実のギャップ

ところが後日、ハウスメーカーの営業マンが持ってきた見積書を手にした山田さんのテンションは、一気に奈落の底に突き落とされてしまいました。想定をはるかに超える金額は、夢と現実のギャップを突き付けてきます。

3　建築を建てる主体のこと。施主、お客さん、発注者、建築主などもこれを指します。

4　独自の住宅ブランドを企画、開発、販売する住宅会社のこと。住宅展示場でモデルハウスがあり、カタログも多数取り揃えている。構造、工法、仕様がマニュアル化されているため、品質は安定、工期も短め。

贅沢をしたつもりはないのに、なぜでしょう？

そもそも、住宅展示場の住宅はあくまでもメーカーのモデルです。そのメーカーの標準仕様ではないのです。

そんな展示場マジックにかかってしまうのも無理もありません。その空間にいたら、それが当たり前の感覚になってしまいます。目にしたものは欲しくなりますよね。さらに、建て主さんの要望はオプションとして追加されていきます。

実は、無料でつくってくれたはずの見積書には、プランの作成費、モデル住宅の建設維持費や広告宣伝費が分からないように含まれていて、それらが見積書の金額を跳ね上げているのです。

一方、ブラックボックスという言葉を聞いたことがあるでしょうか？　その過程や仕組みが第三者には理解できない、要は見えにくい、不透明という意味です。建築業界には、価格のブラックボックスが存在します。どの業界にも多少はあるのですが、建築業界はその価格の成り立ちが複雑な流れになっているため、莫大な金額が動くにもかかわらず、詳細な内訳が消費者の目に触れることがありません。

この価格のブラックボックスは、どうして生じるのでしょうか？　次章でもう少し詳しく見ていきましょう。

第3章

価格のブラックボックス

おおっ！
ステキ！
ピンポーン
小出
ガチャ
やあ 山田君 いらっしゃい！

オシャレー！
カッコいい！
この棚はちょっとだけ大工さんに手伝ってもらって自作したんだよ
このランプシェードは手漉き和紙を使った特注品なんだ
おおっ薪ストーブが！
あこがれの…
カッコイイ！
山田君から薪ストーブの話を聞かされているうちに僕もファンになっちゃって…

新築おめでとう！
すごいのが
建ったね！
ありがとう！
設計事務所で
設計して
もらったん
ですって？
その分
高くついたんじゃ
ないのか？
それがね
そうでも
ないんだよ
またまたぁ～
ぶっちゃけ
どのくらいで
建ったの？
実はね
ヒソヒソ…
えーっ
そんなに安く!?

本当だよ
納得のいく
仕様の建物が
予算の範囲内で
できたんだ
建築工事は どこのハウスメーカーに頼んだの？
ハウスメーカーには頼んでないよ
まさか……君が全部組み立てた？
できるわけないだろ！
設計は設計事務所に頼んだのよね？
…じゃあその設計事務所が建てた？
近い！
？？？？？
実は 建築士の助けを借りてそれぞれの専門工事業者と直接工事請負契約を交わしたんだ
ポカーン
？？？？？
もうちょっとわかりやすく説明するよ

普通 家を建てるとき この選択肢から 選んでるよね？
家を建てるときの選択肢
1 すでに完成した物件を買う。（マンション、建て売り、中古住宅など）
2 ハウスメーカーで設計から依頼し、新築する。
3 設計事務所に設計を頼み その設計図をもとに 工務店に建ててもらう。
まあ そうだよね…
じゃあ 小出君は このどれにも 当てはまらない方法で 建てたってこと？
そうなんだ
さて クイズです これらの選択肢には ある共通点があります それは何でしょう？
ヒントを ちょうだい！
誰に 支払うか 考えてごらん

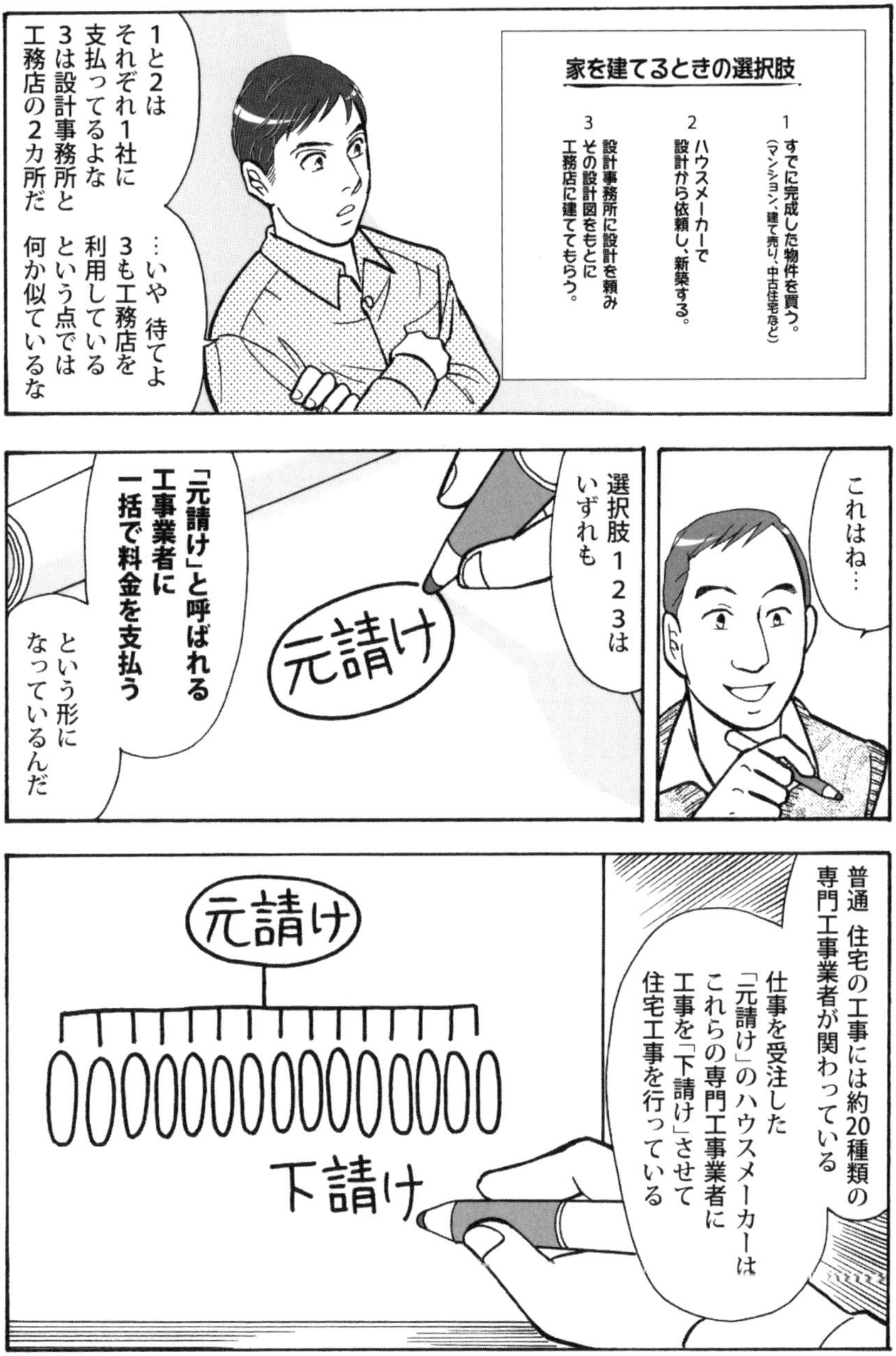
家を建てるときの選択肢
1 すでに完成した物件を買う。(マンション、建て売り、中古住宅など)
2 ハウスメーカーで設計から依頼し、新築する。
3 設計事務所に設計を頼みその設計図をもとに工務店に建ててもらう。
1と2はそれぞれ1社に支払ってるよな3は設計事務所と工務店の2カ所だ
…いや 待てよ3も工務店を利用しているという点では何か似ているな
これはね…
選択肢１２３はいずれも
元請け
「元請け」と呼ばれる工事業者に一括で料金を支払う
という形になっているんだ
普通 住宅の工事には約20種類の専門工事業者が関わっている
仕事を受注した「元請け」のハウスメーカーはこれらの専門工事業者に工事を「下請け」させて住宅工事を行っている
元請け
下請け

この仕組みは窓口が一つになるから一見 面倒がなく便利だ
だが その一方で**工事にかかる費用が見えにくくなる**という問題があるんだよ
例えばこんな極端な下請けの出し方がある
「元請け」のハウスメーカーが3000万円で受けた工事を2500万円で「下請け」の工務店に発注すれば
それだけで「元請け」は500万円の儲けになる
工務店はそれを「孫請け」となる専門工事業者に出せば…
そんな元請けはずるいわ!
まいど
これでたのむ
まいど!
3.000万円
2.500万円
お客様
元請け
下請け
孫請け
利益 500万円
……
僕もそう思う しかし決して珍しい事ではないよね
ハッ
でも考えてみてよ
この**元請けが右から左に流しただけで儲けたお金を**負担しているのは……
家を建てた…お客さん!
そう!

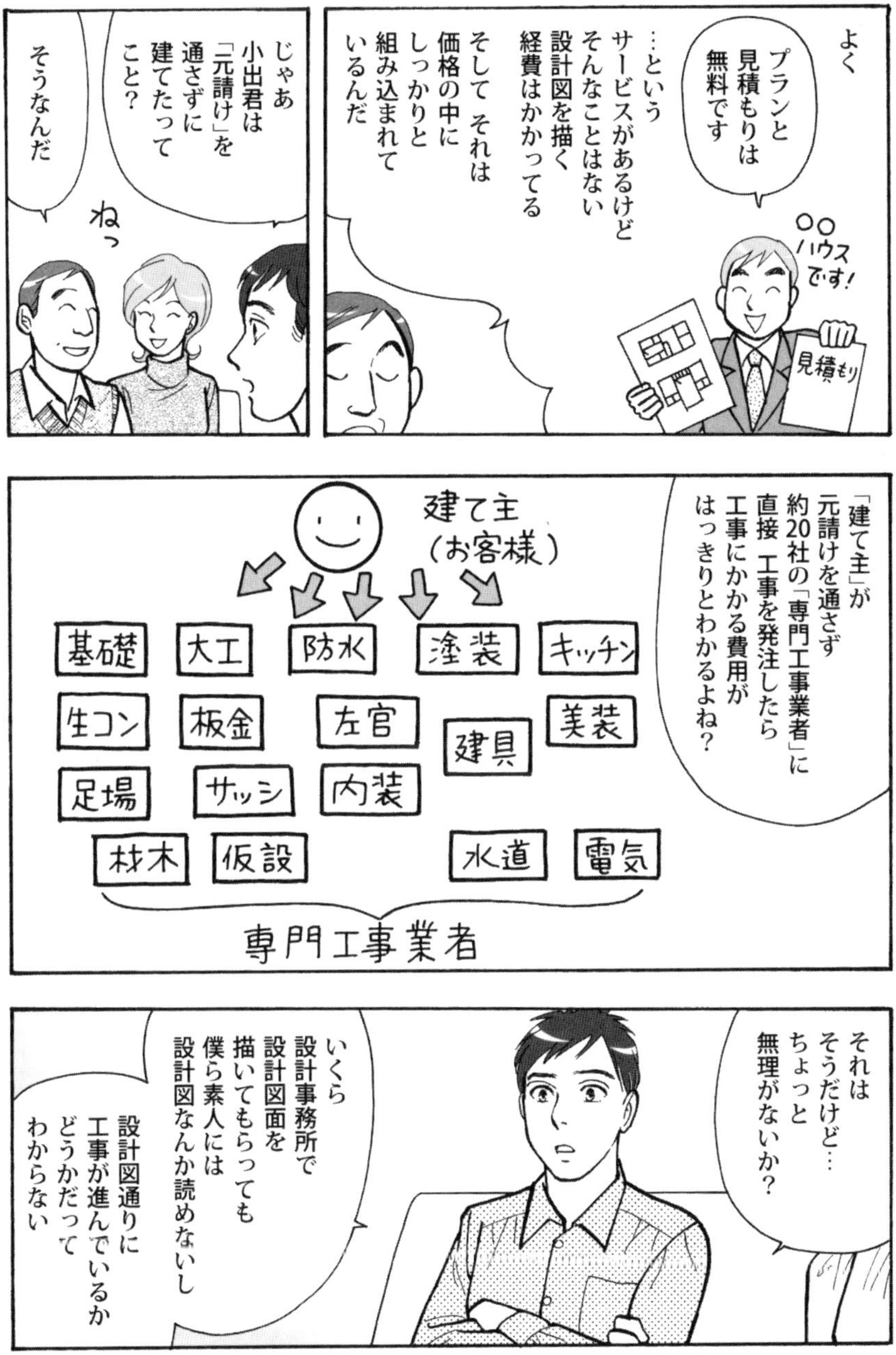
よく
プランと見積もりは無料です
○○ハウスです!
見積もり
…というサービスがあるけどそんなことはない設計図を描く経費はかかってる
そして それは価格の中にしっかりと組み込まれているんだ
じゃあ小出君は「元請け」を通さずに建てたってこと?
ねっ
そうなんだ
「建て主」が元請けを通さず約20社の「専門工事業者」に直接 工事を発注したら工事にかかる費用がはっきりとわかるよね?
建て主（お客様）
基礎
大工
防水
塗装
キッチン
生コン
板金
左官
建具
美装
足場
サッシ
内装
栽木
仮設
水道
電気
専門工事業者
それはそうだけど…ちょっと無理がないか?
いくら設計事務所で設計図面を描いてもらっても僕ら素人には設計図なんか読めないし
設計図通りに工事が進んでいるかどうかだってわからない

おまけに建築の申請に関わる書類を間違いなく用意するなんてとてもできないよ
ハイ!

検査機関
そうよ法的な手続きをしてくれたり現場を一貫して仕切る監督が必要なんじゃない?

そのための「ハウスメーカー」であり「元請け」なんでしょ?

ハウスメーカーでなくても建て主の代わりにそれらの業務をこなせる人がいたとしたら?

………

!

ひょっとして設計事務所の建築士さんが?

建築士の仕事は大きく分けて2つあるそうだ
ひとつは 勿論 設計図面を描く仕事

事務所によって差はあるらしいけど うちの場合は30枚ぐらい描いてもらった これがそうだよ
へえ～設計図ってそんなに描くのね！
これは本番用の図面
これ以前に作るプラン用の図面も同じくらい描いてもらったよ
建築士のもうひとつの仕事は設計図面の通りに工事が行われているかどうかを見る
『監理《かんり》』という仕事なんだ
考えてみれば建築士は設計した家の隅々にいたるまで内容を把握してるもんなあ
それだけでなく工事の間違いにも適切に対処できる
つまり 僕は……

設計事務所に
設計図面だけでなく
建築工事全体を
マネジメントする
仕事を委託して
各専門工事業者に
直接発注する
「CM分離発注」
という方法を選択して
この家を建てたんだ
CM分離発注・・・

家づくりの選択肢

小出さんの新築パーティーで、家づくりについて教えてもらった山田さん夫婦。家を建てる選択肢として３つ挙げられていましたが、ここではもう少し詳しく、家づくりの５つの選択肢について説明したいと思います。

依頼先によって、建て主さんから施工者までどのくらいの人や会社が介在し、どのように関わっているのでしょうか。シンプルな関係もありますし、こんなに介在者がいるのかという驚きもあるかもしれません。

少し、面倒くさい話かもしれませんが、この流れの違いを知ることにより、建て主さんが払うお金の流れが分かります。そして、どうして価格が不透明なのかもご理解いただけると思います。

日本の家づくりには、大まかに５つの建設方式があります。

【１】ハウスメーカーに依頼する
【２】地元の**工務店**(5)に依頼する
【３】建築家に設計を、工務店に工事を依頼する
【４】建て主による直営工事
【５】ＣＭ分離発注方式

これらを、一つひとつ説明していきます。

5　地域に密着した住宅会社。基本的には注文住宅が主体の自由設計ですが、ハウスメーカーに対抗して、宣伝、広告、営業を強化し、モデルハウスを建築した結果、ハウスメーカーとあまり変わらない高コスト体質になっている会社もあります。

【1】ハウスメーカーに依頼する

一般的に日本でよく行われている建設方式です。つまり設計と工事の両方を一括でハウスメーカーと請負契約するというもの。多くのハウスメーカーは、請け負った工事を地元の専属工務店に下請けに出します。その工務店も請け負った工事を今度はバラバラに細分化して各工種ごとに次々と**専門工事会社**[6]（孫請け）に外注して工事を完成させます。基礎屋さん・大工さん・屋根屋さん・設備屋さんなど、住宅でも20前後の専門工事会社が関わります。ハウスメーカーと契約したからといってもハウスメーカーが直接工事をするわけではないのです。

ハウスメーカーの良い部分は、住宅展示場などでモデルハウスを見ることができますし、専属の営業マンもいて様々な疑問に答えてくれたり、融資手続きや引越しの面倒までみてくれるので、すべてをお任せしたい建て主さんには向いている方式です。しかし、一方で下請け・孫請けといった多重下請構造によりコスト構成は不透明になってしまいます。

なぜなら、見積書に書かれている工事内訳の金額で各専門工事会社に外注しているわけではないからです。

1. 多重下請構造（ハウスメーカーに頼む方法）

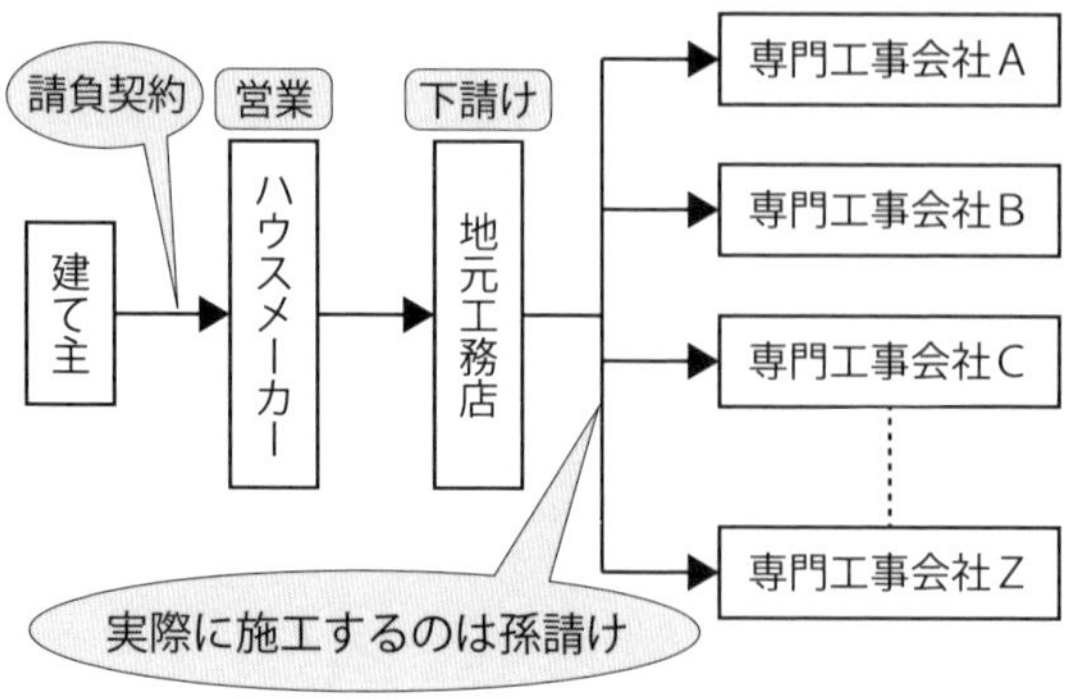

6　実際に工事を行う下請工事会社。ここで働く人を職人さんと呼びます。基礎工事、大工工事、屋根工事、建具工事、電気設備工事など、木造住宅でも、およそ20工種くらいの専門工事会社によってつくられています。

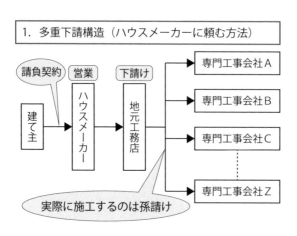

【２】地元の工務店に依頼する

地域に根差している地元の工務店に設計と工事の両方を一括で請負契約を結ぶ方式です。そして、その工務店は請け負った工事をバラバラに細分化して各工種ごとに専門工事業者へ下請けして工事を完成させていきます。

地元の工務店の良い部分は、何といっても地域に根差しているところ。創業数十年とか百数十年とか、昔から地元にある工務店の安心感は貴重な存在です。しかし、先ほどのハウスメーカーの場合と同様、下請構造のため価格が不透明になります。

また、設計の事業ではないため、デザインなどの設計力という点で建て主さんの希望がどこまで反映されるのか難しいかもしれません。

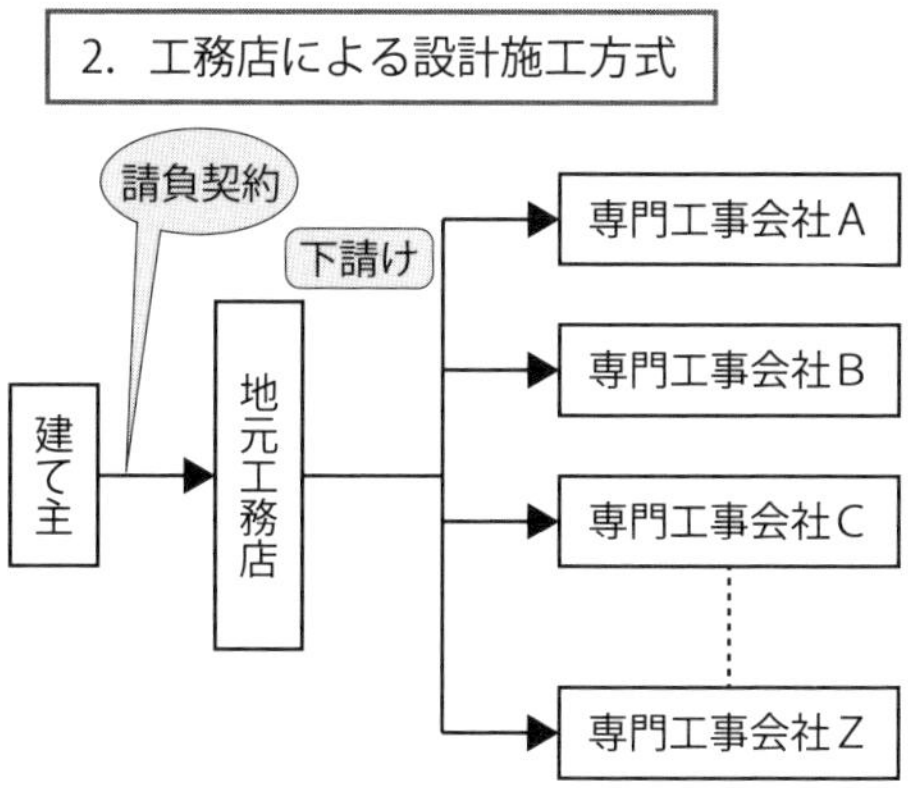

【3】建築家に設計を、工務店に工事を依頼する

この方式は、設計を建築家に依頼し、工事を工務店に依頼するやり方で、設計・施工分離方式といいます。専業の設計事務所（建築家）が入っているので設計力と第三者監理が発揮され、責任の所在が分かりやすいというメリットがあります。ただ、こちらも下請構造なので価格が不透明になりがちです。

しかし、設計・監理を建築家と委託契約し、工事を工務店と請負契約しているという点が【1】【2】と大きく異なります。委託契約では、依頼主と弁護士との関係のように、建て主さんと建築家がパートナーの関係になります。すなわち建築家は建て主さんの代弁者であり、専門的に支援する役割を担います。

独立した第三者の立場で建て主さんの利益を守り、純粋に建て主さんの立場に立つことができるのは、委託契約で業務に従事する専業の建築家だけなのです。

3. 建築家が設計・監理を、工務店が工事を行う方法

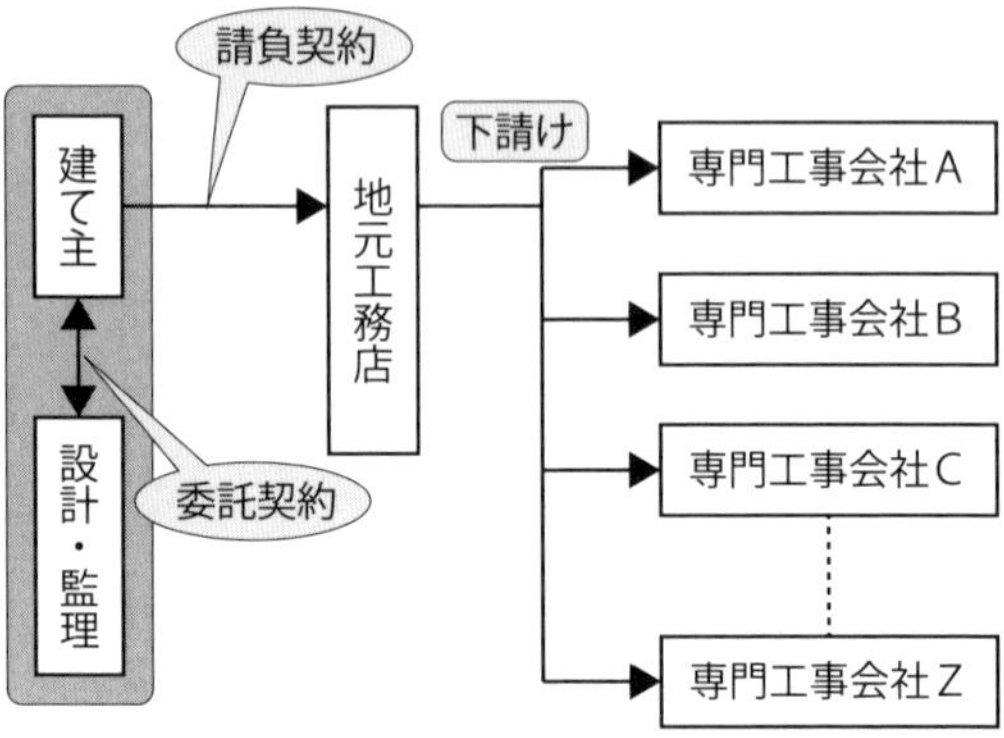

【4】建て主による直営工事

ＣＭ分離発注方式の原型です。この方法は、建て主さんが各専門工事会社と直接請負契約を結びます。建て主さん自身が設計ができて、適正価格の判断や工程表を組むことができるといった専門知識を持っていれば理想的な方法ですし、明朗会計（価格の透明性の確保）であることもメリットです。

戦前はよく行われていましたが、建材等の種類が多くなりすぎたのと、法律が難しくなりすぎたため、専門知識や専門工事会社のネットワークを持っていないと難しい方式です。

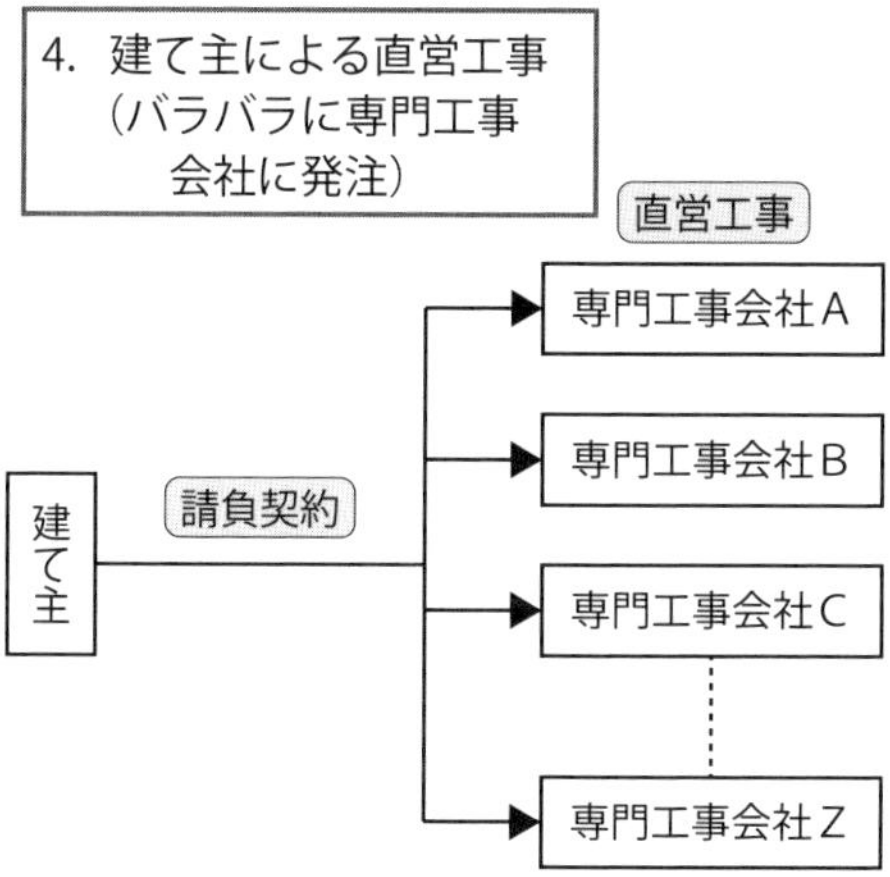

【5】CM分離発注方式

小出さんが家を建てたCM分離発注方式です。建築家が設計・監理を行い、建て主さんの直営工事をサポートする方法です。多重下請構造でもなく、中間マージンも発生しにくく、最適化された価格とその流れが見えるし、工事の流れも見える方法です。

ただし、工事中に床に傷があった場合等、責任の所在が分かりにくい面もあり、様々なリスクへの対応が必要です。建て主さんと専門工事会社の理解も必要な方法です。

このように見ると【4】の建て主による直営工事が、多重下請構造でもなく、中間マージンも発生しにくく、お金の流れも工事の流れも見える方法なので、理想的です。ただし、それは建て主さん自身が設計ができて、適正価格の判断や工程表を組むことができるといった専門知識がある場合の話で、現実的とはいえません。

建て主さんによる直営工事の形態に最も近いのが、【5】のCM分離発注方式です。工事の最高責任者は建て主さんですが、建築の専門知識を持たない建て主さんが直営工事を行うのは難しいため、建築家が設計・監理を行いながらサポートする方法です。

5. CM分離発注方式（建築家が設計・監理を行い、さらに建て主の直営工事をサポート）

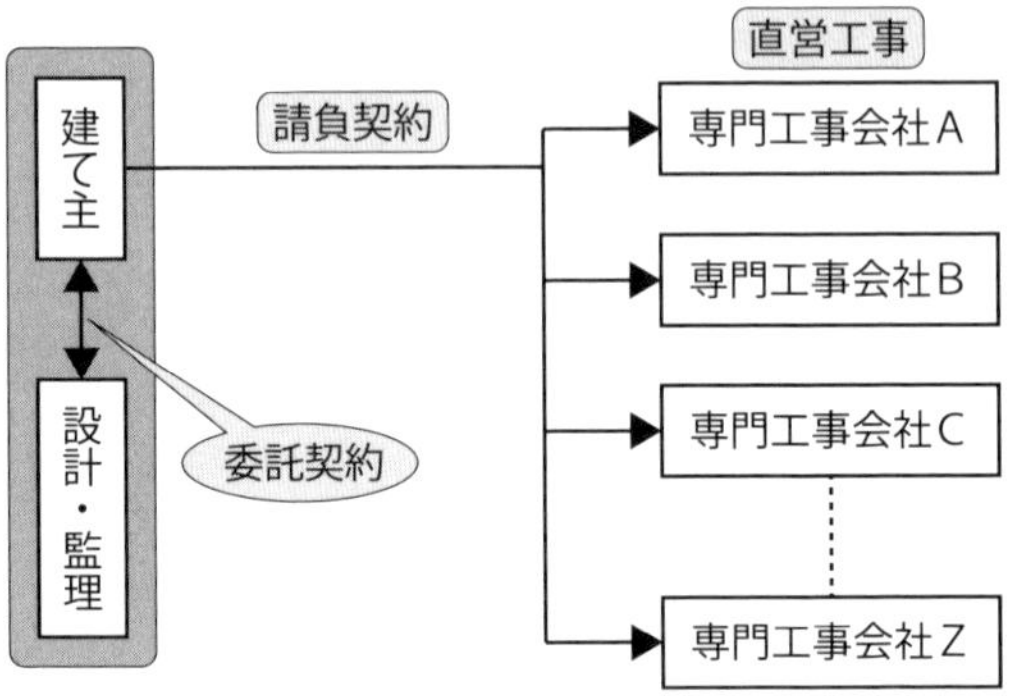

建設方式の比較

日本の家づくりには、
大まかに５つの建設方式が
あります。

1. 多重下請構造（ハウスメーカーに頼む方法）

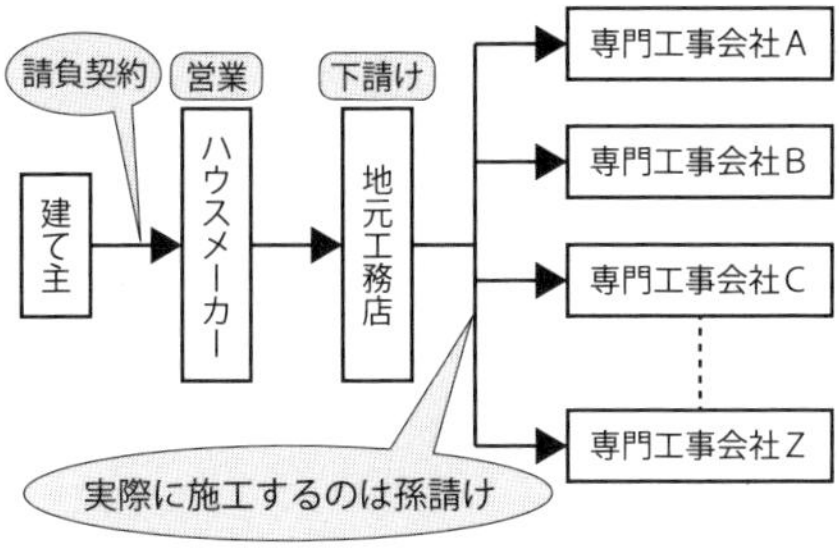

2. 工務店による設計施工方式

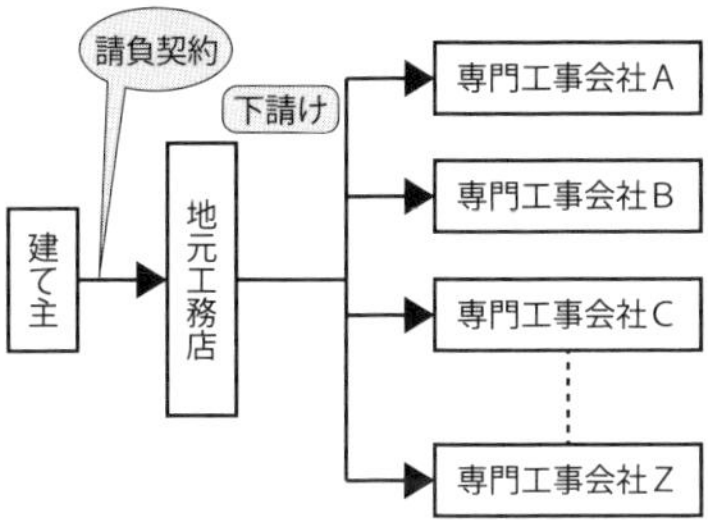

3. 建築家が設計・監理を、工務店が工事を行う方法

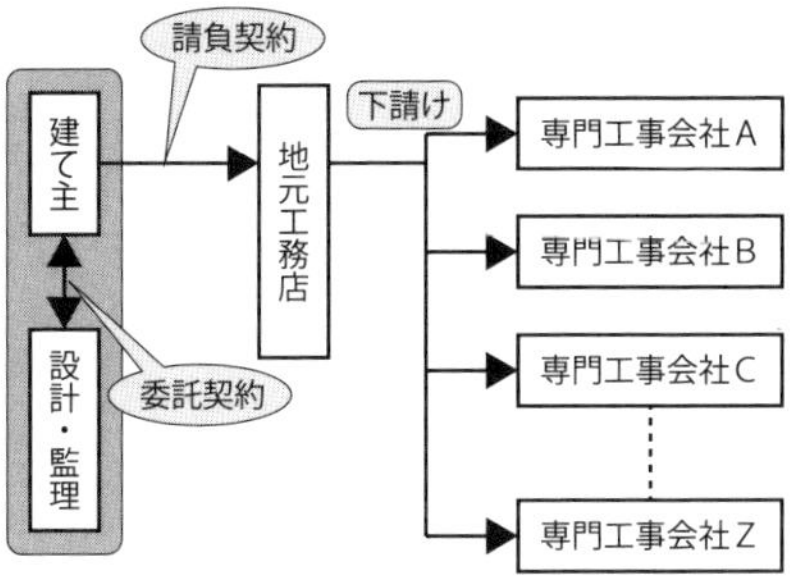

4. 建て主による直営工事（バラバラに専門工事会社に発注）

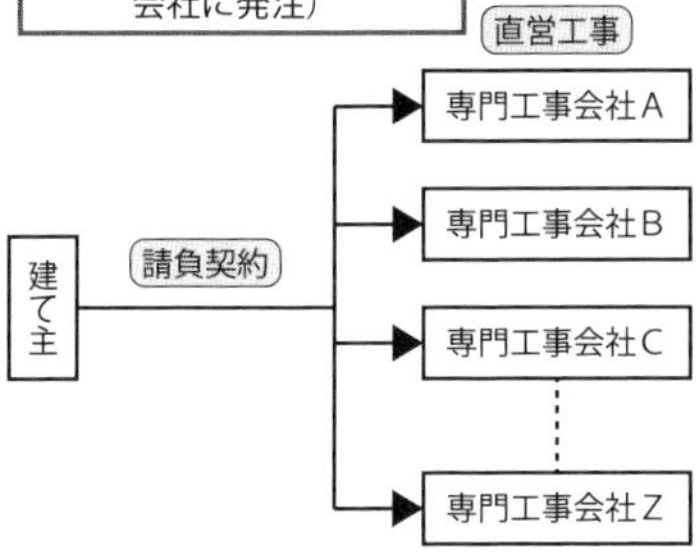

5. CM分離発注方式（建築家が設計・監理を行い、さらに建て主の直営工事をサポート）

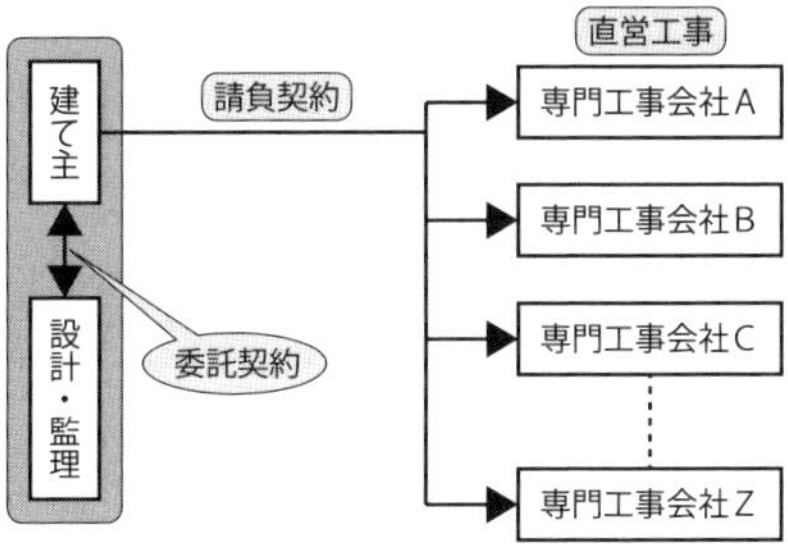

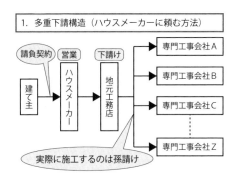

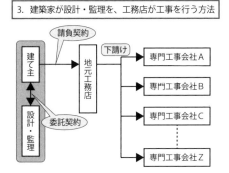

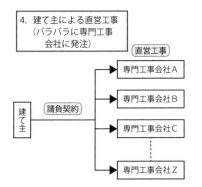

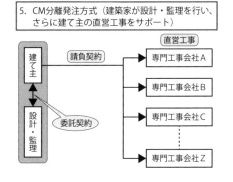

価格がブラックボックス化する理由

コスト構成が不透明になってしまうのは、どうしてでしょうか？　それは、多重下請構造によって生まれます。文字通り、建て主さん（消費者）から現場で工事を行う人までの流れの中に、何社も介在しています。

「建て主さん→元請けA社→B社（下請け）→C社（孫請け）→D社（ひ孫請け）→現場施工者」のような感じです。それぞれの間には中間マージンが発生するので、元請けA社の請負金額はどんどん膨らみます。もし、建て主さんが実際に現場に入る施工者の請負金額を知ってしまったら愕然としてしまうでしょう。

しかし、実際に現場で工事に携わるのは、専門工事会社です。中間に入る人間が多いほど経費がかさみます。このような方法は元請け会社に都合良く、工事代金の中には、目に見えない経費（モデルハウスの維持費、テレビCM、営業マンの経費、サービスで提供する設計費用などのコミュニケーションコスト）が上乗せされているのです。

一例を挙げると、ビニールクロスを専門工事業者（内装屋）に直接依頼した場合、仮に900円（1平方メートルあたり）だとします。しかし、元請け会社から建て主さんへ出される見積もりは、1300円になったりします。この差額が表に出てこない元請け会社の利益になるのです。

この多重下請構造は建築業界に限りませんが、これがマイホームを建てるというような個人消費で、しかも一生に一度の高い買い物だとしたら、多大な影響を及ぼします。でもほとんどの建て主さんは、この事実を知らないのです。

経費を明記しなくなった背景

一般的な住宅の工事費は、「材料費」と、「工事費」と「諸経費」で構成されています。材料費は、資材や設備機器の購入費用で、工事費は大工の手間賃や設備の取り付け費用などです。諸経費は一般的な住宅工事の場合、20～30％の割合になるようです。

この諸経費ですが、どんな費用かといいますと、営業、打ち合わせ、許認可の申請、材料・工事の手配、作業、現場管理、会社の維持、人件費などもろもろの費用が含まれます。

建て主さんが見積書を受け取った時、材料費や工事費は、見当がつきやすいのですが、諸経費を明記してしまうと、会社の儲けだと即断してしまうようです。工事費の総額が１０００万円の場合、諸経費は約20％で２００万円になり、「そんなに儲かるんだ」と誤解され値引きを要求されやすくなります。実際の業界の平均的な純利益は大体２～３％ですから、この中での値引きは首を絞めるようなものです。

そこで、誤解されないように、見積書から「諸経費」という項目をなくし、その分の費用を材料費や工事費に上乗せするようになったのです。その結果、建て主さんからは、適正な工事費だと判断され、値引き交渉も少なくなったので、この方法が業界の一般的な様式となってしまったのです。

激安をうたうカラクリ

最近、折込広告などのチラシに定価の50%ＯＦＦなどの激安系工務店の広告を目にするようになりました。しかし、実際はたいていの設備機器や建材は40～60%ＯＦＦで仕入れることもできるのです。例えば、システムキッチン１００万円を注文し、その受注会社が20%値引きで、80万円の見積もりを出してきたら、建て主さんは「良心的な会社だ！」と思い、喜ぶことでしょう。しかし、実際は、この会社は50万円ほどで仕入れているので、実際は80万円－50万円＝30万円の経費を見込んでいることになります。

このように、仕入れ値への経費の上乗せが当たり前に行われているので、建て主さんは安く購入できたと錯覚させられているのです。駆け引き営業や値引き営業に惑わされている方が多くて非常に残念に思います。

第4章

コスト構成を見える化する

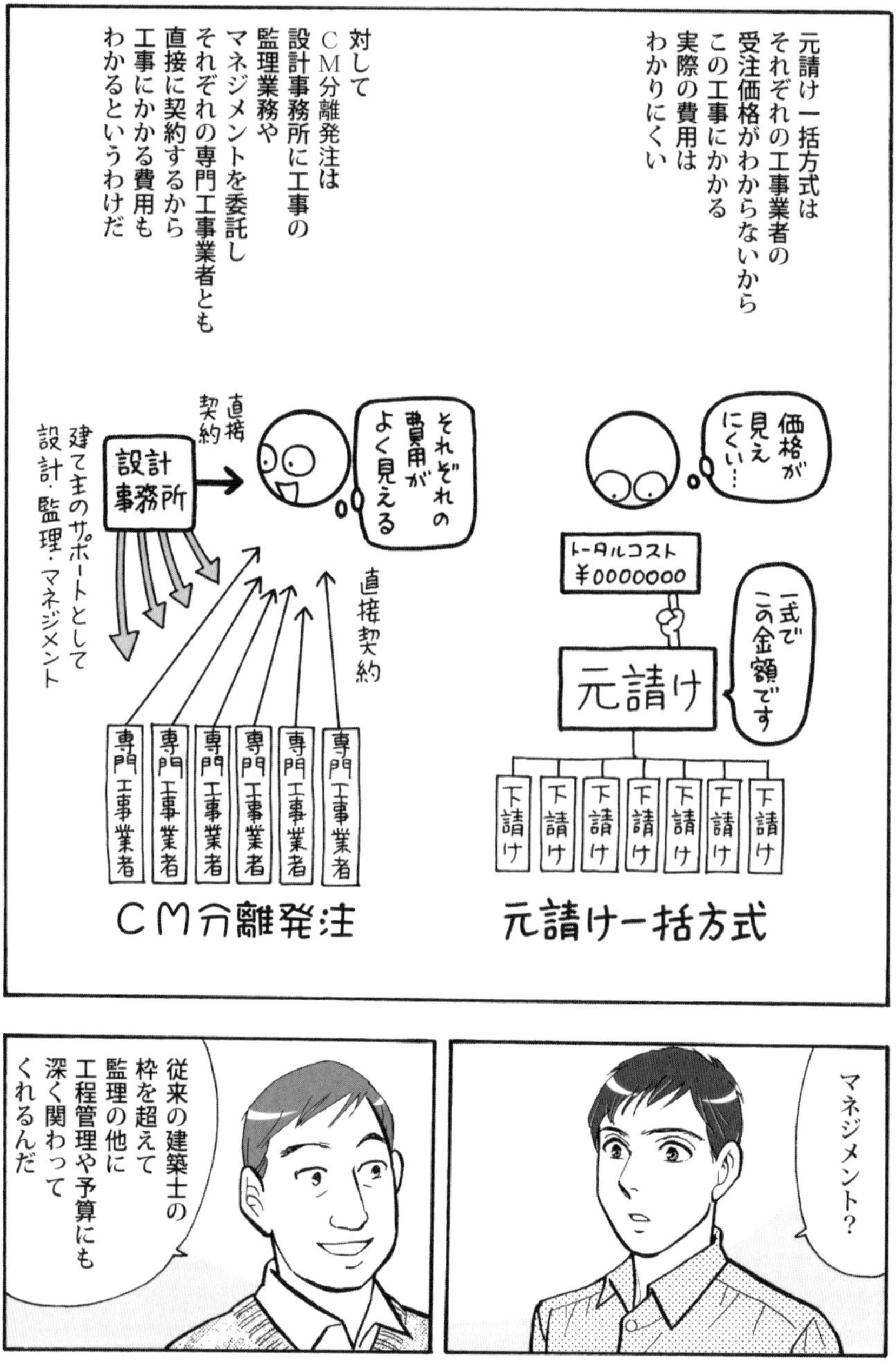

元請け一括方式は それぞれの工事業者の 受注価格がわからないから この工事にかかる 実際の費用は わかりにくい
対して CM分離発注は 設計事務所に工事の 監理業務や マネジメントを委託し それぞれの専門工事業者とも 直接に契約するから 工事にかかる費用も わかるというわけだ
価格が見えにくい…
トータルコスト ¥0000000
一式でこの金額です
元請け
下請け
下請け
下請け
下請け
下請け
下請け
下請け
元請け一括方式
それぞれの費用がよく見える
直接契約
設計事務所
建て主のサポートとして設計・監理・マネジメント
直接契約
専門工事業者
専門工事業者
専門工事業者
専門工事業者
専門工事業者
専門工事業者
CM分離発注
マネジメント？
従来の建築士の枠を超えて 監理の他に 工程管理や予算にも 深く関わって くれるんだ

へえ～
予算にも？
設計に要望を盛り込めば
それだけお金が
かかってくるだろう？
我が家も予算オーバーに
なりそうだったんだ
シャイナラ～
アイランド型
キッチン
そりゃあ…
諦めなきゃいけない事も
出てくるわよね？
だからといって
何にいくらかかるか
わからない状態で
「予算オーバーだから」
と言われても
納得できる？
諦めきれないわ
CM分離発注では
建築士が
そこを上手く
調整してくれたんだ
お金を
掛けるべきところ
掛けなくても
いいところを整理し
材料や設備
工事業者に至るまで
細かく価格を
はじき出し
色分けしてくれた
これは
どうしても
必要ですか？
こうしたら
どうでしょう？
だから 予算内に
収められたんだよ

価格が見えるのって要望を盛り込むのに役立つんだね
なんだかCM分離発注って建て主自身がハウスメーカーの社長になってそれぞれの専門業者に直接発注してるみたい
うまいこと言うね！その通りだよ
小出さんCM分離発注ってどんな風に進んでいくの？
うちの場合はね…
まず建築相談かなおおざっぱな予算や要望を言って契約（建築士業務委託契約）を交わしラフプランを作ってもらった

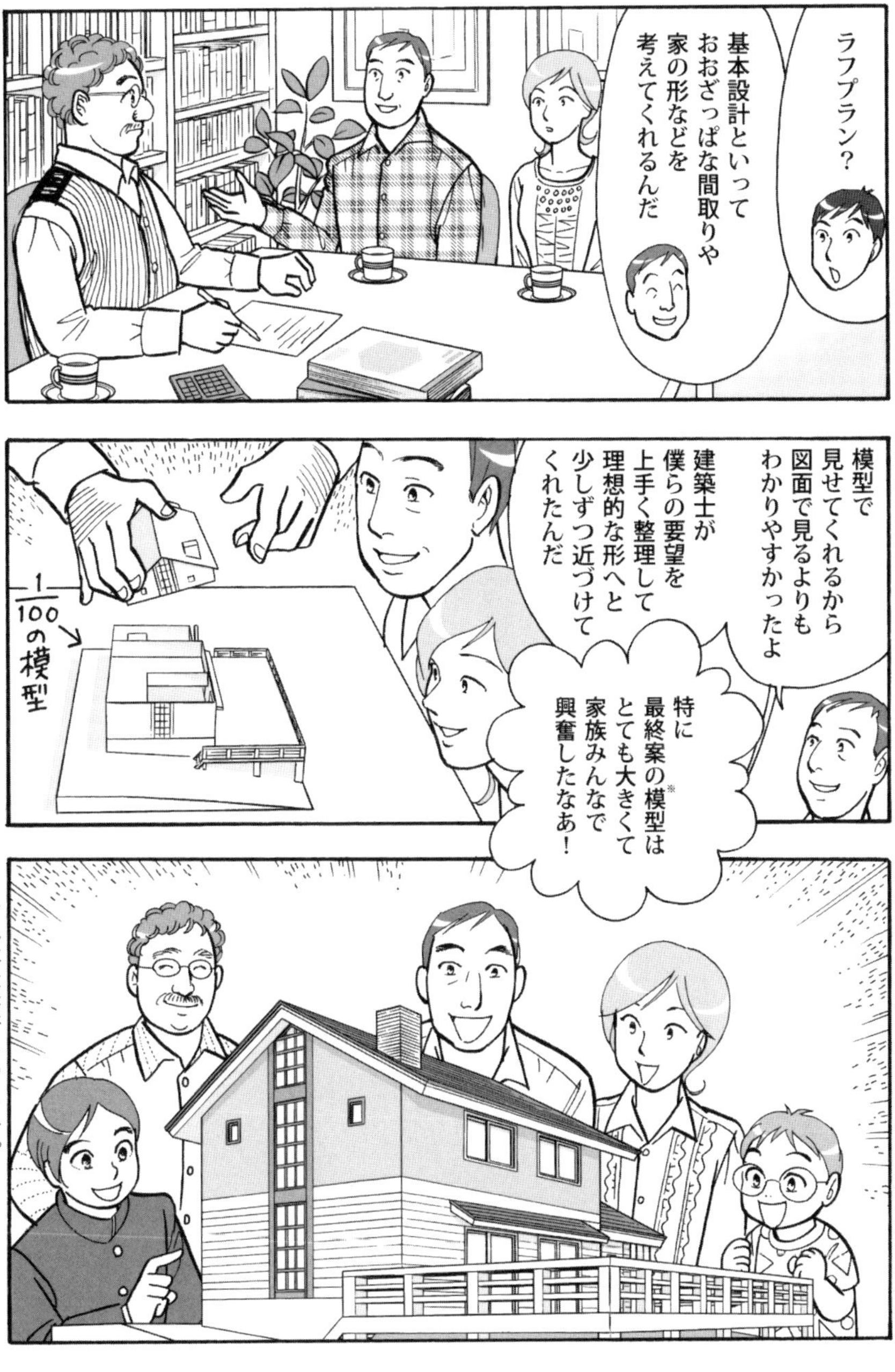
ラフプラン？
基本設計といって
おおざっぱな間取りや
家の形などを
考えてくれるんだ
模型で
見せてくれるから
図面で見るよりも
わかりやすかったよ
建築士が
僕らの要望を
上手く整理して
理想的な形へと
少しずつ近づけて
くれたんだ
1/100の模型
特に
最終案の模型※は
とても大きくて
家族みんなで
興奮したなあ！

※模型の大きさは設計事務所により異なります。模型の他にＣＧ等でシミュレーションしてくれる設計事務所もあります。

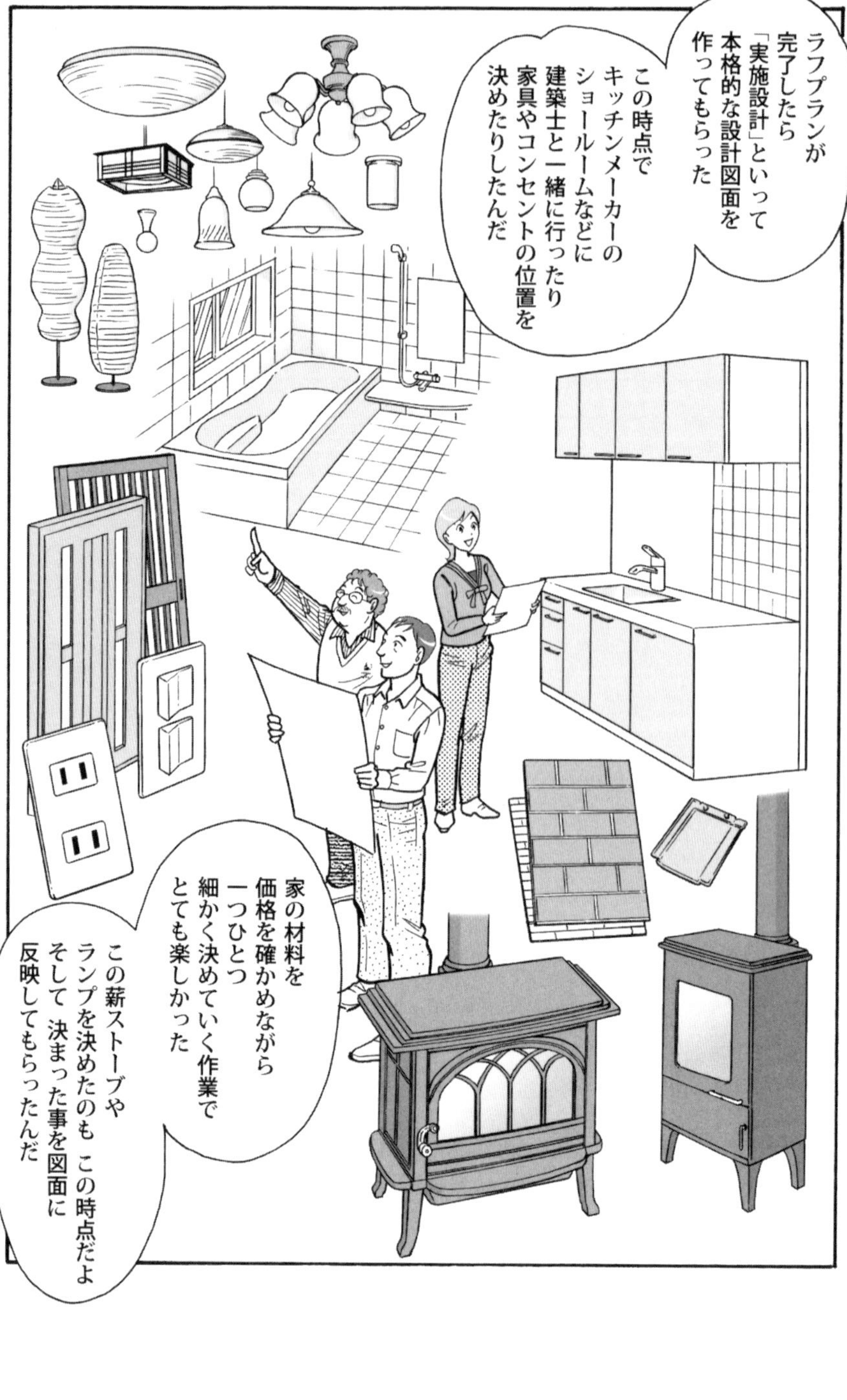
ラフプランが完了したら「実施設計」といって本格的な設計図面を作ってもらった
この時点でキッチンメーカーのショールームなどに建築士と一緒に行ったり家具やコンセントの位置を決めたりしたんだ
家の材料を価格を確かめながら一つひとつ細かく決めていく作業でとても楽しかった
この薪ストーブやランプを決めたのも この時点だよ そして 決まった事を図面に反映してもらったんだ

サッシひとつでも随分と価格が違うから驚いたよ
こっちのサッシは結構するね…
性能が変わらないなら安い方にしましょうよ
それすっごく楽しそう！
実際我が家ではそれがいちばん楽しかったよ！
ねっ
恐らくここまでは普通の設計事務所でもやっていることじゃないかな……
しかしＣＭ分離発注ではここからが大きく変わっていた

御見積書
実施設計の図面が完成したら発注する専門工事業者を決めるため各社から見積もりを出してもらい
予算内に落ち着くまで検討と再見積もりを繰り返した
これが最初にもらった見積もりの比較表基礎工事を見てごらん
ほう……随分と金額が違うね
基礎工事
仮設足場工事
大工工事
木材（構造材、プレカット）
木材（羽柄、造作材）
建材
建材_床材 フロアライン
板金・樋工事
1,090,000
1,210,000
1,600,000
1,443,565
1,760,000
139,120
152,000
九重組
3,280,000
1,621,938
1,298,628
1,995,808
135,000
シチケン
1,834,000
1,334,000
2,243,310
130,000
浜松建築
1,921,000
1,219,051
2,533,665
㈱イワムラ
2,086,280
143,000
1,620,000
㈱ミタムラ産業
1,550,000
㈲吉岡木材店
2,302,200
㈱木屋
2,340,500
㈲伊藤板金
㈲山野板金
512,700
そうなんだよ ただ 僕は専門的な事がわからない
だから建築士と相談しながら慎重に工事業者を決めていったんだ

へぇ〜! 本当に ハウスメーカーの 社長みたい!
それぞれの工事の 見積もりを見比べて 検討できるなら 納得がいくわね!
うん うちも この段階で 不要なものを 洗い出して調整したよ
場合によっては 設計を変更したりも したんだ
最終的な設計図と 最終見積もりが 決定したら
設計事務所が 各業者と交わす 工事請負契約書を 作ってくれ…
そして 各専門工事業者に 一堂に集まってもらって 契約会を開催したんだ
うちの場合は 18社と契約を交わしたよ
ほう!? 契約会
へぇー

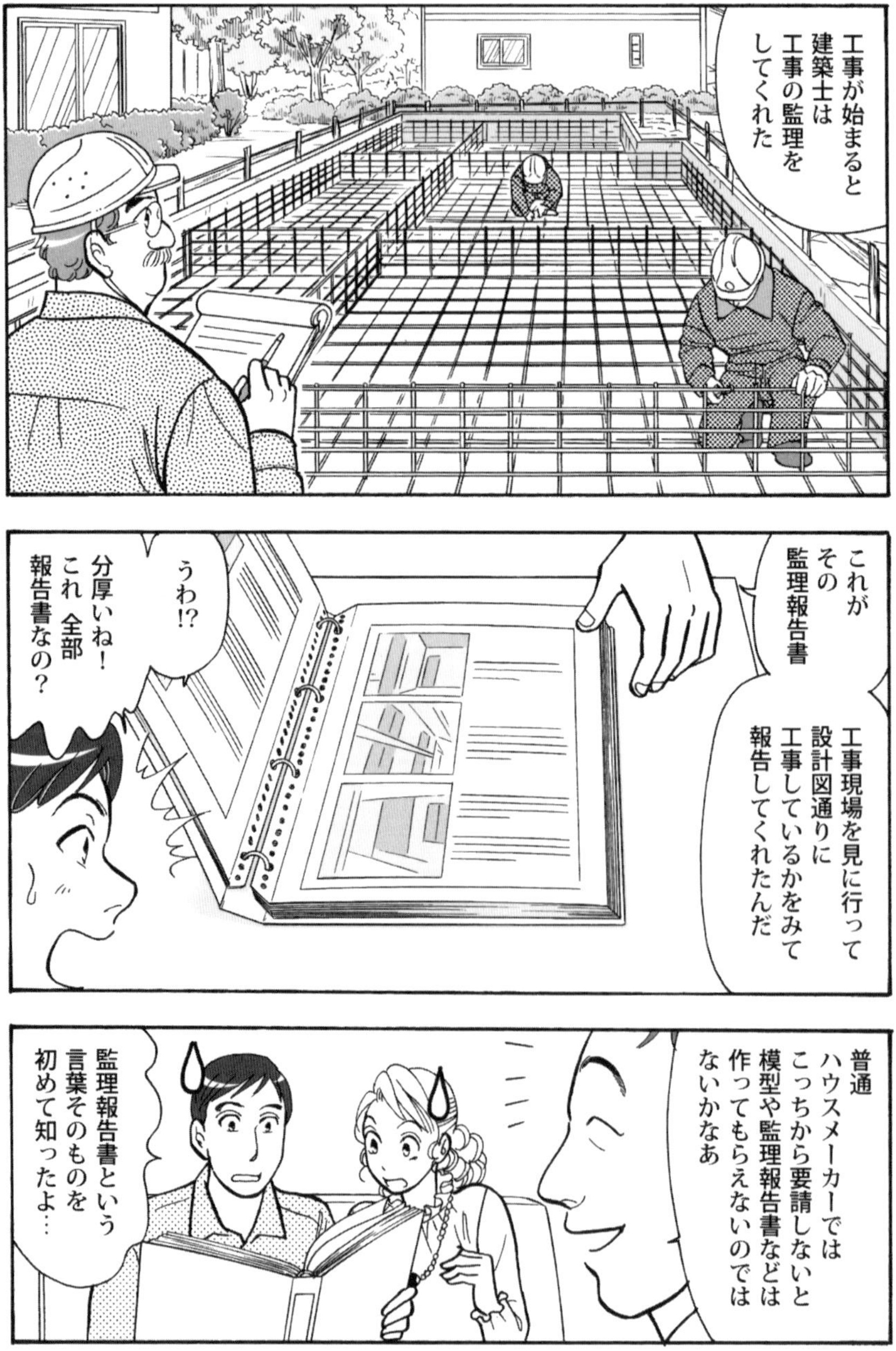
工事が始まると建築士は工事の監理をしてくれた
これがその監理報告書
工事現場を見に行って設計図通りに工事しているかをみて報告してくれたんだ
うわ!?
分厚いね! これ 全部報告書なの?
普通ハウスメーカーではこっちから要請しないと模型や監理報告書などは作ってもらえないのではないかなあ
監理報告書という言葉そのものを初めて知ったよ…

後は
家が完成して
引き渡してもらい
現在に至る
…というわけだ
驚いた……
そんなやり方が
あったとはなあ…
今日は勉強不足を
痛感したよ
そりゃあ
賢くならないと
いい家は
できないからね！
くうぅ〜っ
言ってみたい
そのセリフ
うっ…
くやしいけど
かっこいい…
そろそろ皆さん
来るころだね
バーベキューの
準備を始めよう

コスト構成をマネジメントする

ＣＭ分離発注は、それぞれの工事を行う各専門工事業者と建て主さんが直接に請負契約をするため、工事にかかる費用がよく見えて分かりやすいのが特徴です。

でも、工事の見積書は専門用語が多く並んでいて、建築に詳しい建て主さんでなければ、内容をきちんと精査することは難しいでしょう。

そこで、ＣＭ分離発注では、建築家が各専門工事業者からあげられてくる見積もりを精査し、建て主さんをサポートします。従来の設計・監理の他に、建て主さんの代わりにお金をかけるべきところとかけなくてもいいところを整理することで、コスト構成をマネジメントするのです。

予算配分のポイント

コスト構成のマネジメントにおいて、削ってはいけない部分があります。それは耐久性に関わる部分です。建物は基礎や構造をしっかりつくることが大原則ですから、地盤調査はしっかり行いましょう。基礎、**躯体**[7]、**外装材**[8]もおろそかにしてはいけません。

安全性、防犯の面も手抜きは禁物です。建材や塗料は健康に害のないものを選び、玄関ドアや窓は防犯性の高いものを選びましょう。防犯ガラスは高価ですが、家族の安全のために検討するのも良いでしょう。

また、新築時にしかできない部分は予算をしっかりとり、当面不要な部分は省いたほうが良いでしょ

7　躯体とは、建築物の構造体のことです。構造躯体という場合は、建築構造を支える骨組みにあたる部分のことで、基礎、基礎ぐい、壁、柱、小屋組、土台、斜材（筋かい等）、床版、屋根版または横架材（梁など）などをいいます。内外装の仕上げと設備機器以外のものを指しています。躯体は、力を支える構造体に使う材料により、木造、ブロック造、鉄筋コンクリート造（RC造）、鉄骨造（S造）、鉄骨鉄筋コンクリート造（SRC造）等に区分されます。

8　建築の外側を装飾する材のことをいいます。装飾という機能のみではなく、雨や風から守るためにも必要なものです。外壁材である、サイディング系のボードやタイル、屋根の瓦やレンガなども外装材に含まれます。

う。将来、設備機器などを増設する予定であれば、配管、配線をしておくと、リフォームの際に壁や床などを壊さずに済みます。

水回りを上下階で位置を揃えておくと配管が短くなりコストダウンになる上、夜間に湯水を使用しても家族の安眠を妨げません。

水道やガスの配管や換気装置のダクトなどは修理や点検がしやすいように設計、施工する必要があります。

建物の形は、四角い箱型が最もローコストになります。凹凸のある複雑な形になればなるほど、表面積が増え、材料費や手間賃がアップします。立面上では、**通し柱**[9]や**梁**[10]などの構造が単純で1階の屋根（下屋）がいらない総2階建てが最も割安でかつ、床面積が広くとれます。

内・外装の種類が少なければ職人の職種が少なくなり材料が無駄になりません。

雨風や太陽にさらされる屋根や外壁は、耐久性が高く、メンテナンスの楽な素材が良いです。明るく風通しの良い間取りや、断熱性、機密性の良い建物にすると光熱費が削減できます。

造作収納[11]は、家具工事でなく大工工事に、建材や設備機器はベーシックなものが良いでしょう。

床材のワックスがけなど、軽微で自分でできそうなところはＤＩＹしてみてはいかがでしょう。

9　木造軸組工法（在来工法）などで使用される最も重要な構造用の柱で、２階建て以上の建築物において、土台から軒まで通った継ぎ目のない柱のことです。

10　柱の上に、棟木と直交する方向に横に渡して、建物の上からの荷重を支える部材のこと。古い建築物では、曲がった松の丸太を使っていたことから、弓を「張った」ような形状ということで、「張り」と呼ばれ、後に現代の「梁」という字が充てられたとされています。

11　新築やリフォームの際、収納計画の主流になっている造り付けの収納。ほとんどが、建物の間取りを決定する際に合わせて収納部を計画します。

第5章

建築家と職人たちでつくる家

小出さん お祝い 持ってきたよ！
こんにちは！ この度は おめでとう ございます！
やあ いらっしゃい！
山田君
この人が うちを設計してくれた 熊野設計のクマさん！
熊野です はじめまして！
こんにちは！

小出さん いい薪ストーブがついたね！
煙突掃除は大変だ 私がしてあげるよ 年に一度 1万円でどう？
板金職人
本当!? やったー!!
実は 屋根に昇るの 怖かったんだ！
奥さん 庭に木を植えるとき ユンボで穴を 掘ってあげる。 植木屋に頼むと 高いぞ！
基礎職人
ありがたいわ いろんな職人さんと 仲良しになれて 住んでからも安心ね
塗装職人
小出さん あんた スジがいいわ
自分で 2階の床に 自然塗料を 塗ったんだよ
いろいろ 教えて もらってさぁ
へえー

それがもう プロ顔負け！ もう尊敬だわ
香川さん そりゃ ほめ過ぎ ですよ～
もう転職 しちゃおうかなァ
皆さん いい感じ ですね
これも CM 分離発注の 効果なんですよ
専門工事業者は 「下請け」として 工事に関わってしまうと 元請けの方を向いて 仕事をしてしまいます
でも CM分離発注なら・・・
建築士も 専門工事業者も 建て主の方を向いて 仕事ができるんです

その数日後
ごめんください ○○ハウスですが その後 いかがですか？
あら いらっしゃい 実は色々 聞きたい事が…
御社では 模型は作って くださらないの？
それから 監理報告書は いただける？
えっ ええっ？？ あのっ…
ちょっと 上の者に 聞いてきます！
そそくさ…

後からわかった事だが
ＣＭ分離発注のように
専門家がサポートしながら
住宅を建てる事は
世界的に見ても
珍しい事ではないのだという
うちの場合は
やっぱり
ＣＭ分離発注
かな？
どうやら
そういうことに
なりそうね
薪ストーブ
カタログ
納得のいく家を建てるために
大切なのは
価格や工事の内容など
より確かな比較検討ができるよう
建て主が賢くなっていくことでは
ないだろうか――

自分で家を建てるという実感が大きい

ＣＭ分離発注を選択した建て主さんはみんな「自分で家を建てている実感が湧く」と口を揃えます。施工する専門工事業者が建て主さんのほうを向いているため手抜き工事などの心配もなく、何より各工種ごとの契約なので見積もりの内容がとても明瞭なのです。

建て主さんの思いが反映された設計で、中間経費がかからず、お金の流れが透明ということで、満足感はひとしおだと思います。

ＣＭ分離発注を一度経験することにより自信をつけられたためか、竣工後もＤＩＹをする時は、建築士など頼らず、業者に直接電話して相談したりしている建て主さんもいるようです。

ただし、それによるトラブルもないわけではありません。建て主さんが、工事中の業者に勝手に価格交渉して業者がやる気をそがれ品質を落としてしまうこともありました。建て主さんも家づくりには職人や業者との関係が重要だということを認識しなければなりません。

家づくり、無頓着ではもったいない

ＣＭ分離発注は価格の透明さに大きな特徴があります。お金に糸目をつけなくても良いような方ならいざ知らず、多くの消費者はあらゆるものの価格に敏感です。ただ、住宅については総額は気にするものの、そのコストの成り立ちというか見積もりの明細において無頓着すぎるのではないでしょうか。

消費者の方々が、もっと価格の成り立ちに興味を持つようになれば、業界全体がもっと良質なものをさらに低価格で供給できるような流れになり、豊かな住環境を享受できるようになると思うのです。

今、現に欧米諸国をはじめとした先進国は一般庶民でも日本人よりはるかに住環境に恵まれています。これは日本が狭い平地に人口が多いという特殊性もあるかもしれませんが、住宅のことについて無頓着すぎたために、消費者志向とはかけ離れた流れをつくってしまったことも大きな原因と思わずにはいられません。

次章からは、私がＣＭ分離発注方式を行うようになったきっかけについてお話ししたいと思います。

第6章

実際にCM分離発注でつくってみたら

現場にメッセンジャーボーイはいらない

私が、CM分離発注方式を行うようになったのは、2001年頃からのことです。それまでは、施工は工務店が請け負う工務店一括発注方式を行っていました。設計監理は建築家が行うもの、施工は工務店が行うもの、それがごく当たり前という認識でした。

その当たり前が、当時の私にとって大きな障壁に感じる出来事が起こったのです。

ある現場での出来事

それは、ある飲食店の現場で工務店が「できない」といったことから始まります。設計仕様では内装の腰壁の木板にオイルステインという透明系の塗装を指定していました。木目がきれいに見えるようにしたかったためです。

ところが、ある日、私が現場に行くと塗装業者が、オイルペイントという不透明系の別の塗料を塗っていました。その塗料ではせっかくの木目が生かされません。工務店の現場監督へ事情を聞くと、塗装工事とクロス工事の工程が逆転し、クロスの糊が腰壁の木板に付着してしまったために、オイルステインではムラが生じたのだそうです。さらに短工期のため、設計者に相談している時間がなかったので現場監督の判断で職人に変更を指示したとのことでした。

しかし、そもそもの原因は、塗装を施した後にクロスを貼るべきところを、先にクロスを貼り糊を付着させてしまったことです。

私は納得できず、サンドペーパーでこすれば付着した糊はとれるのでは？　と聞いてみたところ、現場監督は、塗装業者が無理だといっているからと試してみようともしません。

本当に無理なのだろうか……と、私自らサンドペーパーで糊を落としてみました。いとも簡単に落とすことができました。そしてオイルステインを塗ってみたら、ムラが消えたのです。

私のその様子を見ていた現場監督は、慌てて塗装業者と一緒に私と同じ作業を始めました。早い段階でこのことに気づいたので、当初の設計通り木目を生かしたオイルステインに戻すことができたのです。

この出来事をきっかけに、私は考え始めました。

もし、私が一日遅れて現場へ行っていたら、すべての木部に別の塗料が塗られていたでしょう。そうなれば、サンドペーパーで落とすことはもはや不可能だったと思います。現場監督が、設計者や塗装業者のいうことをただ聞くだけだとしたら、その存在に何の意味があるのでしょう。

ましてや今回は、設計者に相談せず塗装業者のいうことを鵜呑みにして勝手に判断したのです。そもそも、クロスの糊が付着したのも工事の順番を変更したからなのに。それらを調整するのも、本来ならば現場監督の仕事であるはず。これでは現場監督などいないほうが良いのでは？　と考えてしまいました。

私は建築家ですから、建て主の構想を設計図面に表すことはできても、工事そのものはできません。また、工事費を決定する権限もありません。しかし、これまで現場監督が間に入ることで、設計の意図が伝わらず意に反した結果となり、悔しい思いをしたことが何度もありました。少なくとも、この現場だけではなかったのです。

現場にメッセンジャーボーイはいらない。ならば、建築家が直接現場に関わる方法はないものか？建築家と職人のシンプルな関係で創り上げていく方法とは？

CM分離発注に興味を持ったきっかけ

私は、前述のように現場監督の存在に疑問を持ち始めてから、建築雑誌でたびたび目にするオープンシステムというものが気になっていました。

オープンシステムとは昔の大工の棟梁のようなやり方だろうか。あるいは欧米で定着しているコンストラクション・マネジメント（CM）のような手法だろうか。それとも建築家や職人の間に入って仲介するブローカー的な存在なのだろうか、と気になってオープンシステムネットワーク会議のWEBサイトにアクセスしました。

そこには実体験を通して得られた創設者の思いが記されていました。すべて読み終えるのに8時間はかかるほど膨大な情報量でした。しかし、そんな時間の経過など気づかないくらい、私はその世界に引き込まれ、やがて、込み上げてくるものがありました。私がずっと抱えてきた思いを、彼は実現していたからです。

オープンシステム……この建築家によるCM分離発注システムの創設者、山中省吾氏は私と同じ設計畑のみを歩んできた人間でした。そんな彼がなぜ、この工務店抜きのオープンシステムを始めたのでしょうか？　答えは簡単でした。工務店が「できない」といったから。同じ思いを抱き続けてきた人間にとって、この方法は一つの解答でした。建築家であるが故の究極の解答です。

私は思いました。オープンシステムは、まだ完全に確立された手法ではないけれど、多くの可能性を秘めていると。ともかく勉強してみる価値は十分あると。

２０００年の暮れも押し迫った頃、オープンシステムネットワーク会議の門を叩きました。そして翌２００１年が明けると同時に会員になりました。まさに世紀の変わり目に私は新たな一歩を踏み出したのです。

オープンシステムは、フランチャイズではありません。入会したからといって、業務に関するノウハウを事細かに伝授されるものでもありません。私の入会当時は、まだ先駆者の実体験から出てきたものを、みなが持ち寄って体系化されてきている段階でした。つまり、草創期だったのです。先輩建築士の実績を参考に、ひたすらＣＭ分離発注の実践的な手法を学ぶ会といったところでしょう。しかし、机上の空論ではなく、当時１００を超えた実践例を基に、今後の課題を含めたリアルな話が聞ける会でした。

最初は、1工種から分離発注

私は、各地の勉強会に参加しながら、ＣＭ分離発注の実践への準備を進めていきました。しかし、本当に自分でも実践できるかと不安を抱えながら、工務店一括発注方式からは抜け出せないでいました。まだ自信が持てなかったのです。

そんな時でした。ある木造住宅の案件が予算オーバーし、減額項目を洗い出しては再考する日々が続いていました。もはや限界と思われた頃、アルミサッシを分離発注してみようと思い立ち、販売会社に問い合わせてみました。中間マージンがカットされるので、ある程度は下がるだろうと予測はしていましたが、出てきた見積もりは30万円も下回ったのです。約3割のコストダウンになりました。

その後も、工務店に一括発注する中で、徐々に分離できる工種を増やしていきました。しかし、部分的に分離発注を行うことで面白さを実感した一方で、心配事も出てきました。自分に工事現場を上手く機能させる工程表がつくれるのか。そして、それぞれの専門工事業者への的確な指示が出せるのだろうかと。

そんな矢先、ある工務店の倒産を耳にしました。その工務店には私が最も信頼する現場監督が所属していたのです。現場監督歴20年のベテランで、その彼が私の事務所を訪ねて来ました。「私に何かお手伝いできることはありませんか」と。

私は、運命的なものを感じました。そして彼を本間総合計画の監理部長として招き入れたのです。

CM分離発注始動！

心強いスタッフを得てCM分離発注を始動させました。しかし、初めて経験することは、何かと予期せぬことが起きるものです。専門工事業者を集めた発注説明会ではCM分離発注の趣旨、工事の流れ、契約、支払いなどについて懇切丁寧に説明しました。業者さんが元請けになり、施主と直接契約なのだと口酸っぱく説明しても、バックマージンをどうするかと聞いてくる人もいて驚いてしまいました。

下請けに慣れすぎて、この業界のダークな部分を彼らは見届けてきたからなのでしょう。そんなものはないと説明しても、果たしてどれだけ理解してもらえたのでしょうか。設計事務所の人間がいうこと、工務店の監督だった人間がいうこと、業者さんの立場からすれば眉唾物に聞こえてもおかしくなかったでしょう。

しかし、いざ蓋を開けてみるとその不安は一蹴されました。監督暦20年の監理部長はいいました。

「私の20年は何だったんだ？　見たこともない金額が入っている」と。所内の概算見積もりよりも、事前にとっていたどの工務店の見積もりよりも、はるかに安い金額が並んでいたのです。おそらく私以上に彼の衝撃は計り知れないものだったのでしょう。

想定外な安い金額に驚きましたが、安かろう悪かろうでは困ります。最終的には施工の腕にすべてが託されます。果たしてどれだけの仕事ができるのだろうか。監理部長の次なる興味はそこに注がれました。結果的に、安い金額だから腕が落ちるとは限らないと実感しました。むしろ、これまで彼が知っていた業者よりいい仕事をした業者もあったぐらいです。

思えば工務店の現場監督時代は、付き合う業者はほぼ固定していたので、比較してはじめて専門工事業者を見極められると思ったそうです。

注文住宅サイト「イエヒト」

ここまで、私がCM分離発注方式を始めたきっかけについてお話ししてきました。工務店が「できない」といったから、同じような思いを抱き続けてきたひとりの建築家が始めたオープンシステム。やがて共感した建築家が日本全国から集まり、現在、それはイエヒトという団体になっています。CM分離発注方式での家づくりを実現してきた建築家の集団です。

CM分離発注方式に興味を持たれた方は、建て主と建築家が出会える、注文住宅サイト「イエヒト」をご覧ください。ここでは、定期的にイベントやセミナーの案内も行っております。

【イエヒト・ホームページ】
https://www.iehito.co.jp

イエヒトは、「ＯＭＩＡＩ」（という様々な建築家との出会いの場を提供するユニークなサービス）も行っています。家づくりのパートナーは相性がものをいいますので、できるだけ多くの建築家と会って、ご自分に合った人を選ぶことが大切です。

※イエヒトが推進しているオープンシステムはフランチャイズではありません。会員それぞれの考え方やＣＭ分離発注の手法等は統一されているわけではありませんので、ご自分に合った建築家をご自分の判断でお決めいただければと思います。万が一トラブル等発生した場合、筆者は責任を負いかねます。

注文住宅サイト「イエヒト」

もう一つの職能団体

前述したイエヒト（オープンシステムネットワーク会議）の他にも、一般社団法人日本コンストラクション・マネジメント協会（日本ＣＭ協会）という職能団体があります。

日本ＣＭ協会は、２００1年4月16日に設立されました。日本においてコンストラクション・マネジメント（ＣＭ）という建設生産方式とコンストラクション・マネジャー（ＣＭｒ）という職能を確立、普及させていく目的で設立された団体であり、ＣＭｒの倫理規程の制定、資格制度の制定・運営など多くのボランティア的会員の協力を持って、幅広い活動を行っています。

会員は、ＣＭｒに限らず、発注者、設計者、建設コンサルタント、総合建設業者、あるいは専門工事業者に広がり、さらに、官民、産官学、あるいは建築・土木の垣根もなく、多くの分野の会員が在籍しています。一般的に業界の利益代表たる団体が多い中で、ＣＭの発展と普及を建設生産方式全体の変革の一端として自負し、ファンダメンタルな行動原理を貫いている団体です。

さらに、国内におけるＣＭの普及発展、健全な建設生産システムの再構築、倫理観を持ったプロフェッショナル育成に資することを目的として、表彰制度を立ち上げ、ＣＭ選奨として広く一般に公募しています（日本ＣＭ協会ホームページより）。

私は、このＣＭ選奨を、２０１３年に南光台キリスト教会新築工事（詳細は、第7章 参照）、２０１４年に葬祭会館セラホール名取増築工事（詳細は、第8章 参照）、２０１５年に萩野町の家新築工事、２０１６年にめでしまの郷の家新築工事（第7章 参照）、２０１７年にMorigo Project で5

CM選奨2013 南光台キリスト教会

CM選奨2014 葬祭会館セラホール名取

CM選奨2015 萩野町の家

CM選奨2016 めでしまの郷の家

CM選奨2017 Morigo Project Ⅰ

CM選奨2017 Morigo Project Ⅱ

年連続受賞しました。

他の受賞者は、国家級プロジェクトや数十億から数千億円のプロジェクトを手がける組織事務所ばかりでした。

そのような中で、私の事務所のような小さな設計事務所が行った小規模建築物が認められたことは、草の根レベルのＣＭの普及発展において意義があると思っています。

【日本コンストラクション・マネジメント（ＣＭ）協会・ホームページ】

https://www.cmaj.org/index.php/ja/

第7章

分離発注の醍醐味を生かした好例

この章では、CM分離発注方式で建てられた事例を取り上げます。実際の建築例を通して、CM分離発注のメリットを知っていただければと思います。

めでしまの郷の家　新築工事

この家の建て主さんは、福島県南相馬市に新居を構えたばかりでしたが、東日本大震災による原発事故のため避難を余儀なくされてしまいました。将来を見据え、県外への移住という苦渋の決断をされます。しかし、被災され二重ローンを抱えての住宅新築は決して簡単なものではありませんでした。

震災で避難されてきた今回の計画地も、地震の多い宮城県です。寒冷地でもあるため、限られた予算の中で高い耐震性能と断熱性能を確保すること。ご希望の予算は、暖房設備工事を除いて2000万円。2014年3月に設計契約し、2015年4月までの入居希望というスケジュールでした。これらの課題をクリアするために、様々な工夫を行いました。

・設計上の工夫

設計上の工夫としては、正方形に近い間取りの総2階建てにしました。こうすることで、外周の長さが抑えられ、使用する建材の数が最小限になるのです。

また、予算に対して希望される部屋の規模が大きかったため、天井の高さを抑えるなどの検討が必要でした。そこで、リビングの上に吹抜けを確保しつつ2階の部屋の天井の高さを小屋裏のように低くしています。屋根も南向き片流れにすることで、建材も架構もシンプルにしました。

ここで耐震性能について少し触れたいと思います。

日本では震災に遭うたび建築基準法を改正し、耐震技術の向上に努めてきました。でも、建築基準法の耐震性能は最低限の基準だとご存知でしたか？

実は、建築基準法が想定している耐震性能は、数百年に一度発生する地震に一度だけ耐えられれば良いもので、震災後にはもう住み続けることはできません。

そんな地震に遭遇することはないと思うかもしれません。でも、阪神大震災以降、地震の活動期に入ったといわれるこの日本では、いつどこで起きてもおかしくありませんし、実際に起きています。

そこで、建築基準法を割り増しした考えが必要なのです。

せっかく家をつくるなら、大地震が起きても住み続けられる家にしたいもの。そのためには、耐震等級3相当が目安になります。

一方、家を建てる際には、確認申請という行政の許可が必要です。実はこの確認申請の際、木造2階建て住宅は4号特例といって、建築士が設計していれば複雑な構造計算（許容応力度計算といいます）はしなくて良いという、何とも不安にかられる法律があるのです。

これが何を意味するかというと、構造上、重要な壁の量はたぶん満たされているだろうから行政はチェックしないよということ。すなわちザル。簡単な壁量計算のみでは、積雪荷重（雪の重み）や構造上の弱点となりやすい吹抜け等、安全性の確認が十分とはいえません。世の中には簡単な壁量計算のみで、もしかしたらほぼ計算などしないで住宅を供給している利益優先の建設業者も存在するのです。

家は家族を守るシェルターです。耐震等級3相当＋許容応力度計算がきちんとなされていることが、構造的に安全な住宅なのです。

この家は、耐震等級3相当とした上で、許容応力度計算により**偏心率**(12)が0・01以下となるよう、耐震性の精度を確保しています。

一方、断熱性能は、計画地の次世代省エネ基準の地域区分（Ⅲ地域・宮城県等南東北）よりも一つ上の寒い地域区分（Ⅱ地域・岩手県等北東北）に対応した省エネルギー対策等級4相当で計画しました。

12　建物の重心（平面形状の中心）と剛心（水平力に対抗する力の中心）とのずれの程度をいいます。このずれが小さいほど地震の際にねじれが少なく、揺れも少なくなります。

南側外観／日中の紫外線対策として直射日光が入りすぎないよう希望されたため、周辺の視線を遮ることも含めコの字型の袖壁《そでかべ》と深い庇《ひさし》で配慮している。

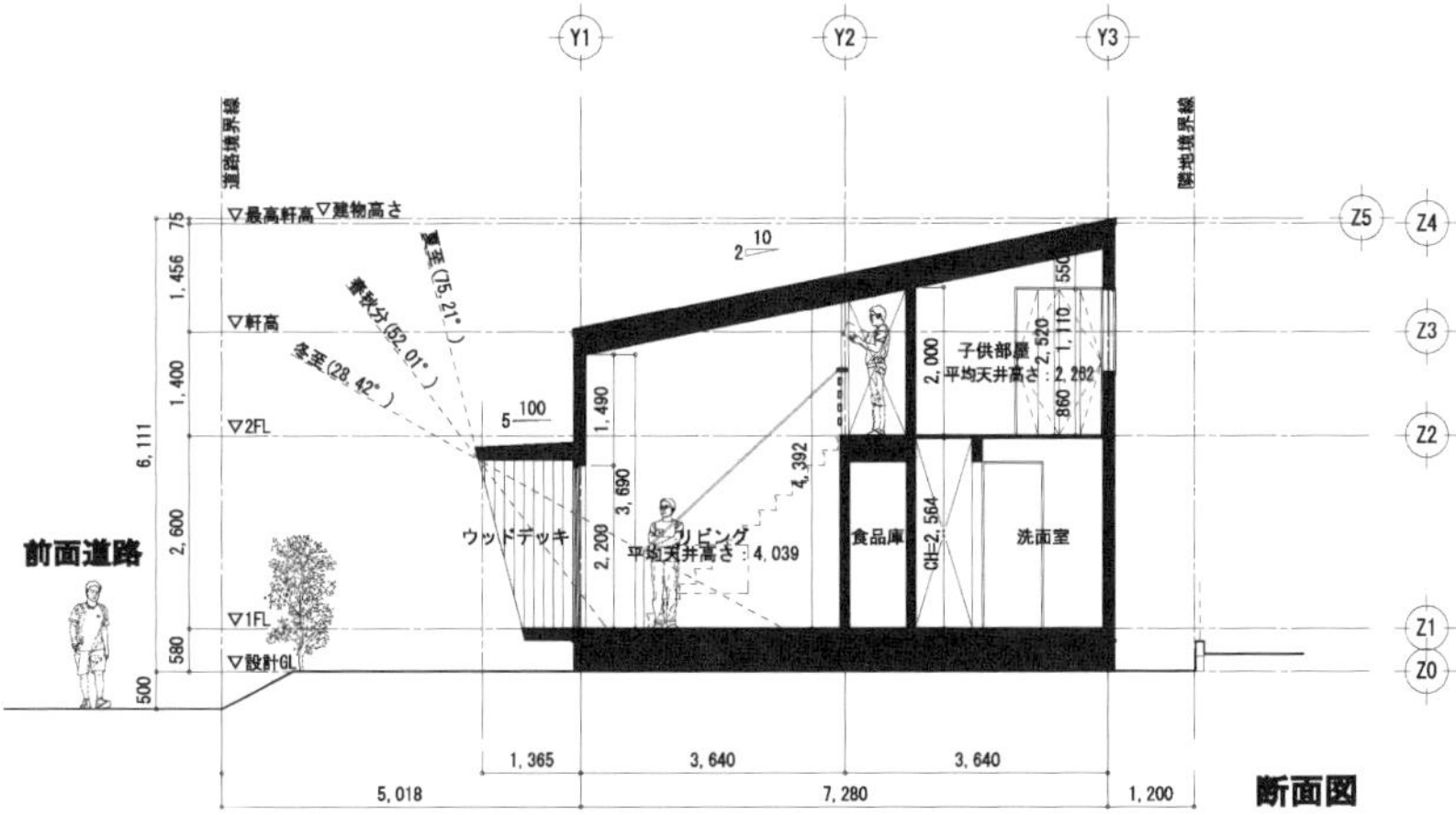

断面図／コストを意識し、天井高を抑え単純な箱型の総２階建てとした。また、前面道路を挟んだ向かい側に大型ホームセンターが建っており、屋上駐車場からの視線に対して袖壁と深い庇（1,350mm）で遮ることで、プライバシーを確保している。

・コストのモニタリング[13]

当時、震災から3年が経過していましたが、復興需要による建設コストの高騰が未だに続いていました。前述の設計上の工夫の他に、コスト上の工夫も行いました。

私の事務所では、予算オーバーの可能性があることを建て主さんに了解してもらった上で、建て主さんの要望をできる限り取り入れた形で基本設計を進め、概算予算書を作成します。そして実施設計の後半に過去の実績により把握している単価から予算書を作成します。

予算を超えた場合、予算内に収めるために減額案を数十項目にわたり作成し、どの減額案にするか建て主さんに選択してもらいます。ここで承認された項目を実施設計図に反映し、同時に予算書も変更訂正します。

また、これは事務所の方針としてのお話になりますが、私の事務所では、最初からＣＭ分離発注を望む建て主さんを除いて、設計契約時は工務店一括発注前提で契約し、実施設計終了までの間に、建て主さんに「工務店一括発注」か「ＣＭ分離発注」を選択してもらいます。このように途中からＣＭ分離発注を選択した場合は、ＣＭ分離発注業務の追加委託契約を結んでいます。

今回は、実施設計途中に、ＣＭ分離発注で業者選定を行うご意志を確認しました。実施設計終盤に間取りの変更、工事施工者選定直前に壁仕上げの変更や施主工事等の要望が挙がりましたが、柔軟に対応し、減額案の検討を進め予算調整を行いました。

13　積算した金額が事業計画の全体予算に合致しているかを確認・分析し、仕様変更や改善案を提案することです。

予　　算　　書

[redacted]　様

金　額	￥　21,972,837

（税込）

工 事 名	めでしまの郷の家新築工事
工事場所	宮城県[redacted]
構造・規模	木　造　2　階　建
用　途	専　用　住　宅

※この予算書は過去のデータを基に作成されたものです。よって実際の工事見積の金額とは異なります。

平成 26 年 8 月 1 日

株式会社　本間総合計画
代表取締役　本間貴史
〒981-0933
宮城県仙台市青葉区柏木１丁目３−12−111
TEL 022−346−1388
FAX 022−346−1387

予算書／過去の実績により把握している単価から作成する。
これを基に発注説明会を開催し、見積もりを比較して業者選定を行う。

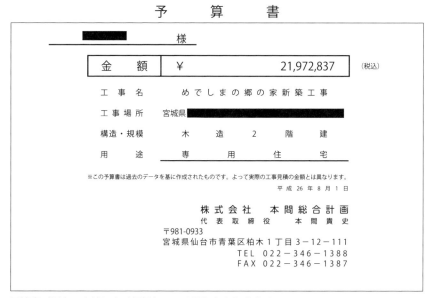

2013/10/25 改訂

番号	重要事項の説明
1	各専門工事業者をお客様に決定して頂きます 設計事務所は見積結果を見積比較表にまとめ、お客様にご報告します。見積比較表や工事実績を基に、各専門工事業者をお客様に決定して頂きます。また、工事の発注はお客様が納得の上で、それぞれの専門工事業者と直接請負契約を結んで頂くことになります。
2	工事の元請は、各専門工事業者です 各専門工事業者等は元請けであり、一つの工事現場に複数の元請け業者が介在することになります。設計監理者はお客様の直営工事をサポートする代理人であり、元請けではありません。
3	監理者は、現場監督ではありません ＣＭ分離発注における現場監督は、元請けである各工事における各専門工事業者の職長等にあたります。 設計監理者は、建築の専門家（建築士）として一般的に認められる注意義務を負い、工事の確認は事後検査を基本として行います。
4	リスクの存在 ＣＭ分離発注には、施工を分離することなどに伴う工事の完成に関するリスクが存在します。従来の一括発注方式において元請けの総合建築業者が担っていたリスクです。 工事全体の完成に関するリスク（当初予算を超過するリスク、工期が超過するリスク等）はお客様に移行し、工種ごとに分離された施工に伴う責任が各専門工事業者へ分散されることになります。
5	リスク調整費に関して 「責任の所在が確定できないリスク等」により工事において、お客様に費用の負担が生じる場合があります。この費用は、実務上は「リスク調整費」として工事予算に概算計上されます。フローリングの傷、近隣対策、建材の不足、補強金物等の構造改善、または行政指導等、使い方に関しては、随時、監理者の判断によって執行されます。 「リスク調整費」は不測の事態への対処が中心であり、お客様による工事途中の仕様変更への支払いには利用できません。 また、竣工引渡し時に使途明細を明示し残額があった場合は返金致しますが、竣工後もこのリスクは、理論上は存在する為、それに備えて確保して下さるようお願い致します。つまり、最終的に残額があった場合でも、全額分を総工事費に計上することが前提になります。（例：工事費の３％～５％程度が目安）

上記の説明を受け、内容を確認の上、署名捺印致します。

年　　月　　日

氏名　　　　　　　　印

CM分離発注工事における確認シート

工務店一括発注方式

建築家が設計監理を行い、工事は工務店に一括で発注

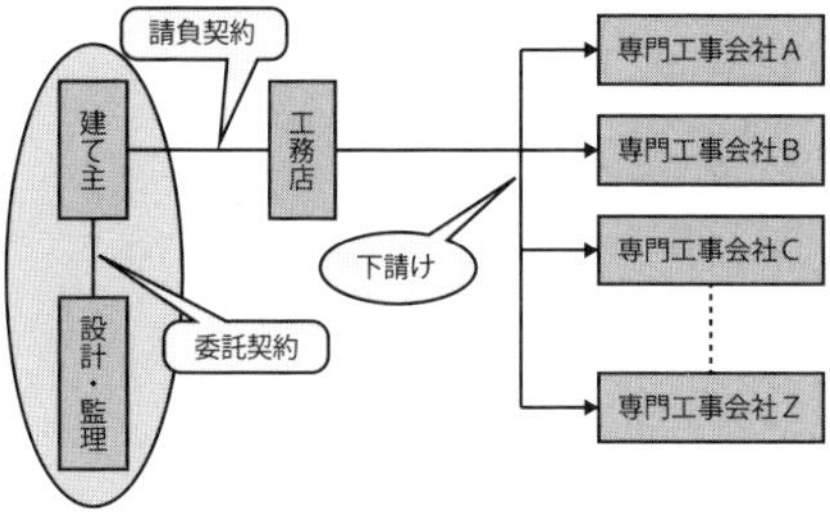

・設計監理を建築家に委任（委託契約）
・施工は工務店に一括発注（請負契約）

〈利点〉
・専業の設計事務所が入っている（第三者監理）
・責任の所在が分かり易い

〈欠点〉
・下請構造によるブラックボックスの存在
・専門工事会社は、工務店の協力業者となる為、原則として選べない

直営方式

建て主がバラバラに専門工事会社に分離発注

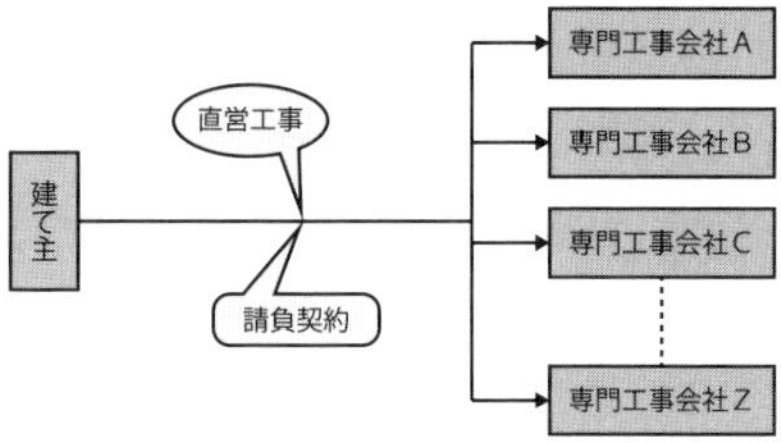

・建て主が各専門工事会社と直接請負契約
・専門知識（設計・適正価格の判断・行程表の作成等）を持っていれば、理想的な方法

〈利点〉
・明朗会計（価格の透明性の確保）

〈欠点〉
・専門知識（設計・適正価格の判断・行程表の作成等）や専門工事会社のネットワークを持っていないと、うまく機能しない
・見積徴収・契約手続き・発注手続き等が煩雑で面倒

CM分離発注方式

建築家が設計監理を行い、更に建て主の直営工事をサポート

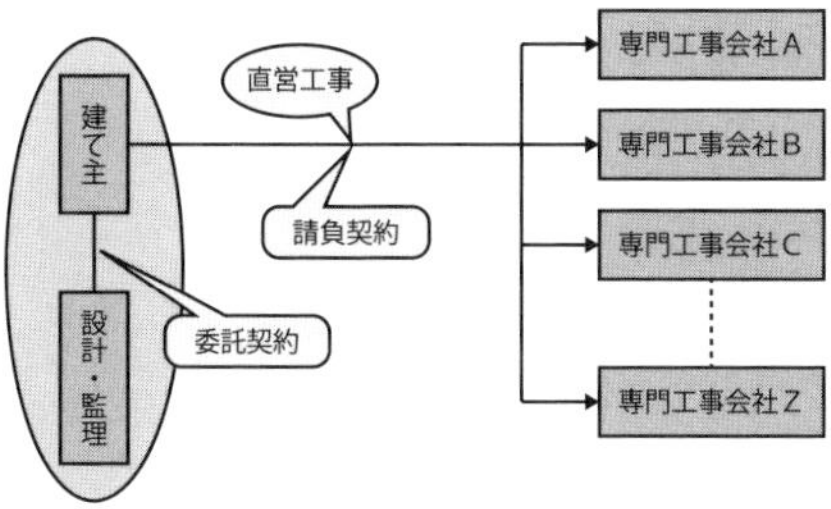

・設計監理を建築家に委任（委託契約）
・CM分離発注業務も建築家に委任（工務店の行う施工管理とは異なる業務）
・建て主は各専門工事会社と直接請負契約

〈利点〉
・専業の設計事務所が入っている（第三者監理）
・明朗会計（価格の透明性の確保）
・アフターメンテナンスでも専門業者へ建て主が直接発注出来る

〈欠点〉
・責任の所在がはっきりしなくなるリスクが存在する（実務上はリスク調整費を計上して備える）

CM分離発注工事における確認シート・重要事項／CM分離発注業務の追加委託時に図表と重要事項で詳細を説明する。

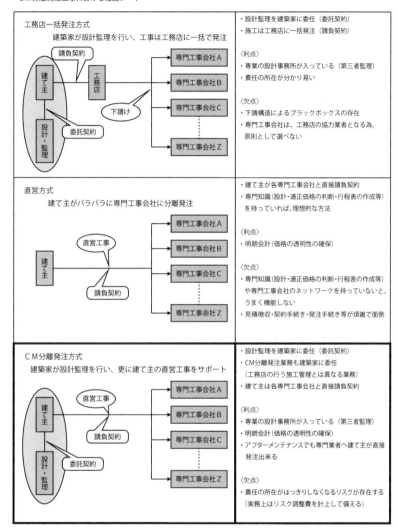

・工事発注の工夫

ＣＭ分離発注は、業者選定に大きな特徴があります。私の事務所では、一つの工事の種類ごとに複数の業者を募って見積もりを依頼します。例えば、木造住宅なら約20工種とすれば単純に40業者以上に見積もりを依頼することもあります。

見積もり参加案内は、オープンシステム業者バンク加入者の他に、知っている業者にもできるだけ声をかけています。競争原理を働かせるためには各工種を複数で競わせることが有効だと考えるからです。そして、工事着工の約６週間前に見積もり参加する全業者さんを一斉に集め、発注説明会を開催します。

今回は、震災後の復興特需の影響もあり、32社の専門工事業者を対象とした発注説明会を実施しました。

発注説明会では、あらかじめこちらで積算した項目の参考数量を記入した金額抜きの概算予算書を各業者に渡します。現在は、ほぼメールでエクセルデータを渡しています。基本的には、業者は単価を入力もしくは記入するのみで単価比較や記入ミスの確認も簡単です。

さらに工事項目を細分化することでコストの適正化を図っています。同じ工種でも例えば洗面化粧台はA業者が安く、ユニットバスはB業者が安い見積もりが提出された場合、洗面化粧台とユニットバスを分けて発注すれば、よりコストが下がります。細分化することで工事項目は40項目に及ぶこともあります。

こうして各専門工事業者より集まった見積もりは見積比較表にまとめ、建て主さんとともに工事実績などもふまえて各工種の業者選定をします。

概算予算　明細書

左官工事（店舗）　　2002年　9月13日　　page 43

番号	名称	摘要	数量	単位	単価	金額	備考
1	塗床1BクリートHB工法	麺打室、t =3.0ハード	6.6	㎡			
2	塗床2BクリートHB工法	厨房、カウンター内部	27	㎡			
3	外壁珪藻土	シルタッチティアラ程度	40	㎡			
4	内壁土壁1	風除室 下地共（竹小舞、木小舞共）	4	㎡			
5	内壁土壁2	店舗　下地共	48.1	㎡			
6	内壁土壁3	化粧室	4.1	㎡			
7	天井珪藻土	店舗・風除室・化粧室	54.2	㎡			排煙窓立上り壁含む（ルーバー上部）
8	外壁モルタル塗		51.0	㎡			
9	内壁モルタル塗	厨房巾木	2.0	㎡			
10	入口サッシ下モルタル納め	麺打室	2	ヵ所			
	左官工事	計					

金額抜きの概算予算書（例、一部抜粋）

平成14年　10月　9日

㈱○○建材店
○○　　殿

株式会社　本間総合計画
担当　齋藤・赤間・本間
TEL　022－●●●-●●●●
FAX　022－●●●-●●●●

見積り結果通知

－　名取川の家新築工事　－

拝啓
　時下ますますご清祥のこととお喜び申上げます。

さてこの度、名取川の家新築工事の見積りをしていただきまして、誠に有難うございました。

お見積りいただいた参加各社の見積書を検討した結果、貴社のお見積り金額は、選定業者を下回ることができませんでした。よって、今回は申し訳ありませんが、発注見合わせとなりました。

お見積りにご尽力いただきまして、深く感謝申上げます。なにとぞ前記事情を賢察の上、ご了承くださいますようお願い申上げます。


　今回は合意に至りませんが、今後ともオープンシステムにお付き合いの程、宜しくお願い申上げます。

＊　尚、選定業者との開きを次に示しましたので、今後の参考にして下さい。

No.	工事業種	選定業者と貴社の見積り金額の開き	
	木材・建材	A	A　0～5%
	屋根	E	B　6～10%
	雑工事	A	C　11～20%
	厨房	E	D　21～30%
			E　30%～
			F　その他の理由

発注者　●●　●●　●●●
管理者　株式会社　本間総合計画　代表　本間　貴史

見積結果通知（例）

見積比較表

震災直後の
復興特需の
影響で
参加業者が
少ない

めでしまの郷の家新築工事見積比較表

平成26年 8月23日

業者名＼工種	仮設足場	仮設トイレ	廃材処理	仮設	養生	基礎	防水	大工	木材(請負)	木材(注文)	建材	屋根板金	金属(既製品)	金属建具	木製建具
株式会社○○総業	185,000														
株式会社○○足場	175,928														
株式会社○○○○仙台支店	190,000														
株式会社○○						1,044,000									
有限会社○○左官															
○○建業															
株式会社○○○○工業							132,000								
○○木工								2,880,000							
株式会社○○建材店		25,000	102,000						1,440,000	420,533	1,368,981		102,000	750,000	
株式会社○○○○工業									2,668,450						
○○物産株式会社									2,473,964						
○○板金店												545,347			
株式会社○○○○												390,000			
株式会社○○○												530,000			
有限会社○○アルミ														700,000	
株式会社○○○															
○○木工所															535,000
有限会社○○															620,000
○○○木工所															587,000
○○塗装店															
株式会社○○内装															
有限会社○○○○内装															
○○商店															
東北○○○○サービス															
株式会社○○○○仙台営業所															
○○設備工業株式会社															
株式会社○○○技研															
有限会社○○○設備															
株式会社○○電気商会															
株式会社○○電気工事															
有限会社○○電気															
仙台○○サービス株式会社															
○○造園															
予算取り				60,000	5,000										
予算書金額	151,459	25,000	102,000	60,000	5,000	1,020,000	109,000	2,814,851	1,602,029	472,677	1,381,197	544,977	122,600	765,000	587,000
選定金額	175,926	25,000	102,000	60,000	5,000	1,044,000	132,000	2,880,000	1,440,000	420,533	1,368,981	390,000	102,000	700,000	535,000
差額	24,467	-	-	-	-	24,000	23,000	65,149	-162,029	-52,144	-12,216	-154,977	-20,600	-65,000	-52,000

業者名＼工種	塗装	左官	外装	内装	畳	美装	住宅設備	衛生機器	暖房設備	給排水	ガス	電気設備	外構	ポスト	植栽						合計
株式会社○○総業																					
株式会社○○足場																					
株式会社○○○○仙台支店																					
株式会社○○													400,000	99,841							
有限会社○○左官		477,000																			
○○建業		394,000																			
株式会社○○○○工業																					
○○木工																					
株式会社○○建材店		360,000	850,000											87,200							
株式会社○○○○工業																					
○○物産株式会社							700,000	176,900	367,800												
○○板金店																					
株式会社○○○○																					
株式会社○○○			940,000																		
有限会社○○アルミ																					
株式会社○○○																					
○○木工所																					
有限会社○○																					
○○○木工所																					
○○塗装店	254,000																				
株式会社○○内装				104,000																	
有限会社○○○○内装				144,000																	
○○商店					94,500																
東北○○○○サービス						99,800															
株式会社○○○○仙台営業所							780,000	170,000	318,500												
○○設備工業株式会社										1,080,000	334,800										
株式会社○○○技研										1,250,000											
有限会社○○○設備										1,151,000	341,000										
株式会社○○電気商会												1,232,685									
株式会社○○電気工事												1,200,000									
有限会社○○電気												1,935,600									
仙台○○サービス株式会社									350,000		282,000										
○○造園															69,100						
予算取り																					
予算書金額	254,767	350,910	862,405	111,100	47,200	99,460	808,768	195,665	314,690	1,024,370	275,630	1,140,985	243,535	87,200	66,700						15,846,175
選定金額	254,000	360,000	850,000	104,000	94,500	99,800	700,000	170,000	318,500	1,080,000	262,000	1,200,000	400,000	87,200	69,100	-	-	-	-	-	15,429,540
差額	-767	9,090	-12,405	-7,100	47,300	340	-108,768	-25,665	3,810	55,630	-13,630	59,015	156,465	-	2,400	-	-	-	-	-	-216,635

	竣工図・竣工図書作成・監理記録写真等	リスク調整費	工事費合計	設計監理料	CM分離発注業務料	設計監理料等合計	消費税	総工事費			建築確認申請代行料	合計
予算書金額	250,000	300,000	16,196,175	2,024,522	2,024,522	4,049,044	1,619,618	21,864,837			108,000	21,972,837
見積総金額	250,000	300,000	15,979,540	1,997,443	1,997,443	3,994,886	1,597,954	21,572,380			108,000	21,680,330
差額	-	-	-216,635	-27,079	-27,079	-54,158	-21,664	-292,457			-	-292,457

※その他、水道加入金（129,600円）・工事手数料（4,000円）・建築確認申請手数料（62,000円）が別途発生します。

株式会社本間総合計画

見積比較表の抜粋

競争原理が有効に働いた工種
（木材（請負）３社・屋根板金３社・金属建具２社・木製建具３社・住宅設備２社）

めでしまの郷の家新築工事見積比較表（抜粋）

工種 / 業者名	木材（請負）	屋根板金	金属建具	木製建具	住宅設備	
株式会社○○建材店	1,440,000		750,000			
株式会社○○○○工業	2,668,450					
○○物産株式会社	2,473,964				700,000	
○○板金店		545,347				
株式会社○○○○		390,000				
株式会社○○○		530,000				
有限会社○○アルミ			700,000			
株式会社○○○						
○○木工所				535,000		
有限会社○○				620,000		
○○木工所				587,000		
○○塗装店						
株式会社○○内装						
有限会社○○○○内装						
○○商店						
東北○○○○サービス						
株式会社○○○○仙台営業所					780,000	
予算取り						
予算書金額	1,602,029	544,977	765,000	587,000	808,768	
選定金額	1,440,000	390,000	700,000	535,000	700,000	–
差額	-162,029	-154,977	-65,000	-52,000	-108,768	–

見積比較表の見方ですが、各工種に複数の会社が参加しており、網掛けした部分が落札した会社とその落札額になっています。ただし、工種によっては一番安いところを選定しない場合もあります。見積集計の結果、予算を大きく下回った場合は、一度減額案で諦めた項目を復活させることもあります。

このようにできる限り競争原理を働かせて行うＣＭ分離発注ですが、安いものが一番良いというわけではありません。同規格の建材なら安いものが一番いいけれど、業者を買い叩くような過競争になってもいけないし、単純な価格競争で選ばないこともよくあります。

そして、唯一競争させない工種があります。それは大工工事です。木造住宅の建築において、大工の棟梁の腕の良し悪しが最も重要であることは言うまでもありません。また、木造住宅の場合、木工工事を材・工分離しないと、分離発注の利点は出にくいため、大工は手間のみの発注となります。木材建材は金額が大きいので競争原理が働きやすいのです。

私の事務所では、原則として落札後に業者に価格交渉することはしません。業者自身が提示した価格なので、変えることは職人のやる気を削いでしまうからです。

今回は、28の工種を18種類の専門工事業者が分割して請け負うことになりました。

建て主さんと18の各専門工事業者が直接、工事分割請負契約を交わし、いよいよ工事着工です。

プロジェクト組織図

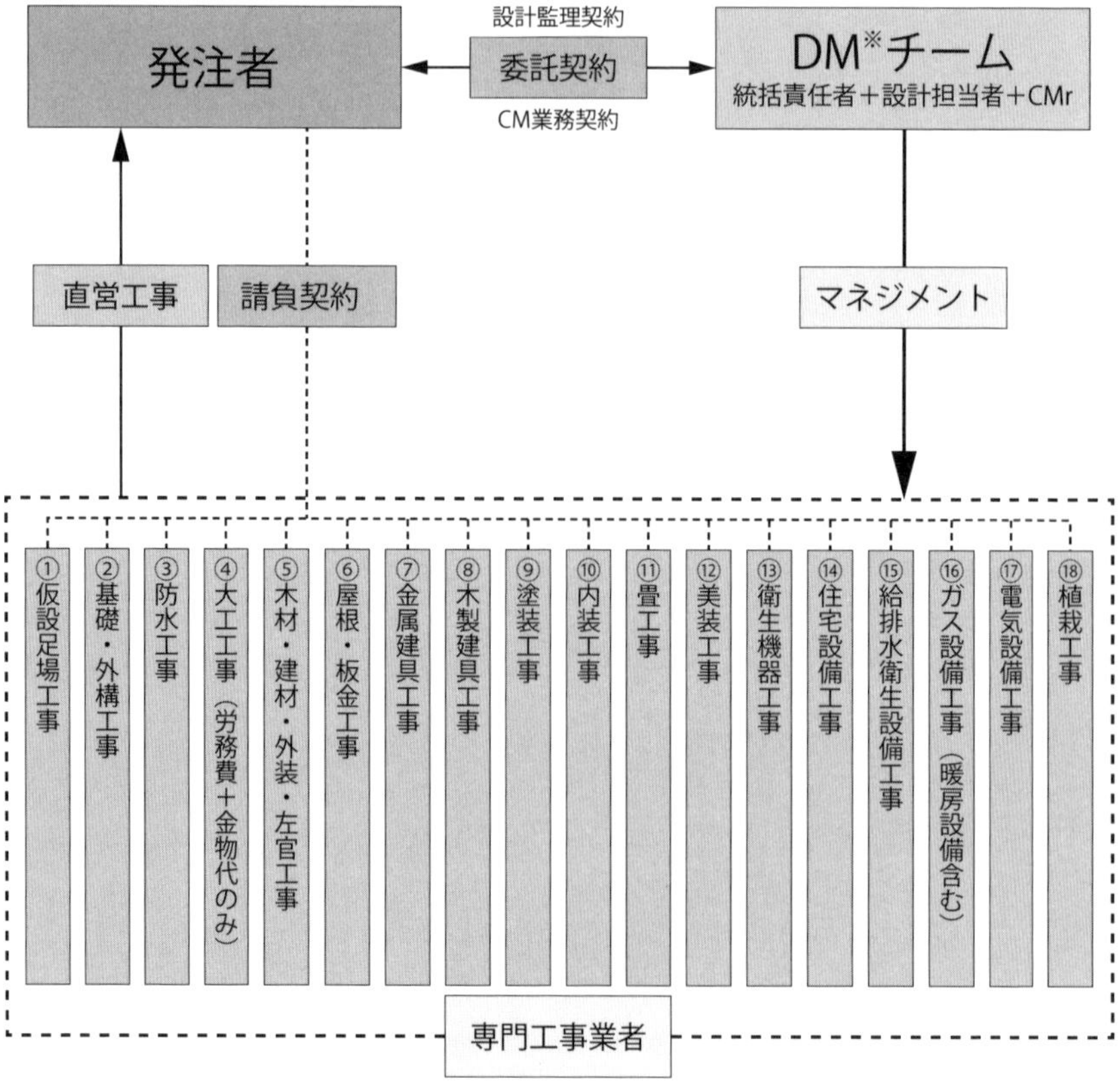

※ DM ＝デザイン＆マネジメントの略
28 工種を 18 種類に区分して CM 分離発注を実施

・工事段階の工夫

工事中は予期せぬ出費が発生することがあります。責任の所在が確定できない隙間リスク等によって、建て主さんに費用の負担が生じる場合があるのです。例えば、誰がつけたのか分からないフローリングの傷、建材の不足や補強金物の構造改善、または行政指導等です。

不測の事態のために通常は工事費の１〜３％程度の予備費を見ていますが、時に、明らかに赤字となる金額で落札する業者さんが存在する場合もあり、その状況に応じて多めに確保することもあります。

しかし、この「予備費」という呼び方がしっくりきません。分離分割された工事の隙間リスクに備えた費用なのに、予備というと意味合いが微妙に違ってくるような気がします。ＣＭ用語ではコンティンジェンシーといいますが、建て主さんに説明するのに横文字は伝わりにくいです。そこで私は、隙間リスクなどを調整するための費用ということから、「リスク調整費」と呼んでいます。

建て主さんの工事中の支払いは１カ月ごとの出来高払いとしています。あらかじめ工程に基づいた支払予定表を作成し、毎月の支払額を予測します。毎月月末締めで各専門工事業者の請求書を精査の上、出来高を査定し建て主さんに報告します。その報告に基づいて建て主さんが各専門工事業者へ直接支払います。

ＣＭ分離発注方式の工事は、工事進捗に沿って過払いもないので建て主さんも納得できますし、各専門工事業者にとっても仕事をした分だけ支払われ、支払いのタイミングも早いので、モチベーションも上がります。

今回、当初の予算は、暖房設備工事を除いて２０００万円でしたが、竣工時には暖房設備工事を含め、さらに壁仕上げの変更や衛生設備機器・住設機器の変更を含めて２１８９万円（設計ＣＭ業務料

支払い予定表

2014/8/30

工事名称：めでしまの郷の家新築工事　　工期　自　平成26年9月19日　至　平成27年2月28日

工種名	会社名	TEL	担当	消費税抜	消費税込	請求	支払済分	請求	9月	請求	10月(9月分)	請求	11月(10月分)	請求	12月(11月分)	請求	1月(12月分)	請求	2月(1月分)	請求	3月(2月分)		計
													支払い月										
仮設水道料				12,500	13,500								2,700		2,700		2,700		2,700		2,700		13,500
仮設電気料				37,500	40,500								8,100		8,100		8,100		8,100		8,100		40,500
仮設トイレ設取り費				10,000	10,800								5,400				5,400						10,800
安全管理費等				5,000	5,400				5,400														5,400
仮設足場工事	株式会社 ○○ 足場	***-***-****	○○○○○	175,926	190,000								110,320				47,280		32,400				190,000
基礎・外構工事	株式会社 ○○	***-***-****	○○○○	1,444,000	1,559,520								1,071,144								488,376		1,559,520
防水工事	株式会社○○○○工業	***-***-****	○○○○	132,000	142,560												99,522				43,038		142,560
大工工事	○○木工	***-***-****	○○○○	2,850,000	3,078,000						513,000		974,700		974,700		461,700				153,900		3,078,000
木材・建材・外装・左官工事	株式会社○○建材店	***-***-****	○○○	4,755,714	5,136,171						27,000		2,005,809		1,407,468		668,423		360,189		667,282		5,136,171
屋根・板金工事	株式会社○○○○	***-***-****	○○○○	390,000	421,200								265,529		88,031		46,580				21,060		421,200
金属建具工事	有限会社○○アルミ	***-***-****	○○○○	700,000	756,000										718,200						37,800		756,000
木製建具工事	○○ 木工所	***-***-****	○○○	535,000	577,800																577,800		577,800
塗装工事	○○ 塗装店	***-***-****	○○○○	254,000	274,320												25,650				248,670		274,320
内装工事	株式会社○○内装	***-***-****	○○○○	104,000	112,320																112,320		112,320
畳工事	○○○○	***-***-****	○○○○○	94,500	102,060																102,060		102,060
美装工事	東北○○○○サービス	***-***-****	○○○	99,800	107,784										58,968						48,816		107,784
衛生機器工事	株式会社○○○○仙台営業所	***-***-****	○○○○	170,000	183,600																183,600		183,600
住宅設備工事	○○ 物産株式会社	***-***-****	○○○○	700,000	756,000										318,060		400,140				37,800		756,000
給排水衛生設備工事	○○設備工業株式会社	***-***-****	○○○○	1,080,000	1,166,400						51,300		615,600				307,800				191,700		1,166,400
ガス設備工事	仙台○○サービス株式会社	***-***-****	○○○○	607,000	655,560				282,960												372,600		655,560
電気設備工事	株式会社 ○○ 電気工事	***-***-****	○○○	1,200,000	1,296,000				69,768								648,432				577,800		1,296,000
植栽工事	○○ 造園	***-***-****	○○○○	69,100	74,628																74,628		74,628
竣工図書作成・記録写真等	株式会社本間総合計画	022-346-1388	○○○○	150,000	162,000		40,500		81,000												40,500		162,000
竣工図制作費	株式会社本間総合計画	022-346-1388	○○○○	100,000	108,000		27,000		54,000												27,000		108,000
リスク調整費				300,000	324,000				324,000														324,000
工事費合計				15,976,040	17,254,123		67,500		817,128		591,300		5,059,302		3,576,227		2,721,727		403,389		4,017,550		17,254,123
設計監理料	株式会社本間総合計画	022-346-1388	○○○○	1,997,005	2,156,765		860,000		860,000												436,765		2,156,765
CM分離発注業務料	株式会社本間総合計画	022-346-1388	○○○○	1,997,005	2,156,765		537,500		1,075,000												544,265		2,156,765
建築確認申請代理手数料	株式会社本間総合計画	022-346-1388	○○○○	100,000	108,000				108,000														108,000
																							-
																							-
				計	21,675,653		1,465,000		2,860,128		591,300		5,059,302		3,576,227		2,721,727		403,389		4,998,580		21,675,653

(特記)

※総工事金額が増減した分に関しては、工事完了検査終了時に改めて計算し、報酬を増減させて頂きます。

※その他、水道加入金（129,600円）・工事手数料（4,000円）・建築確認申請手数料（62,000円）が別途発生します。

一級建築士事務所 株式会社本間総合計画

支払予定表

支払承認書と請求書綴

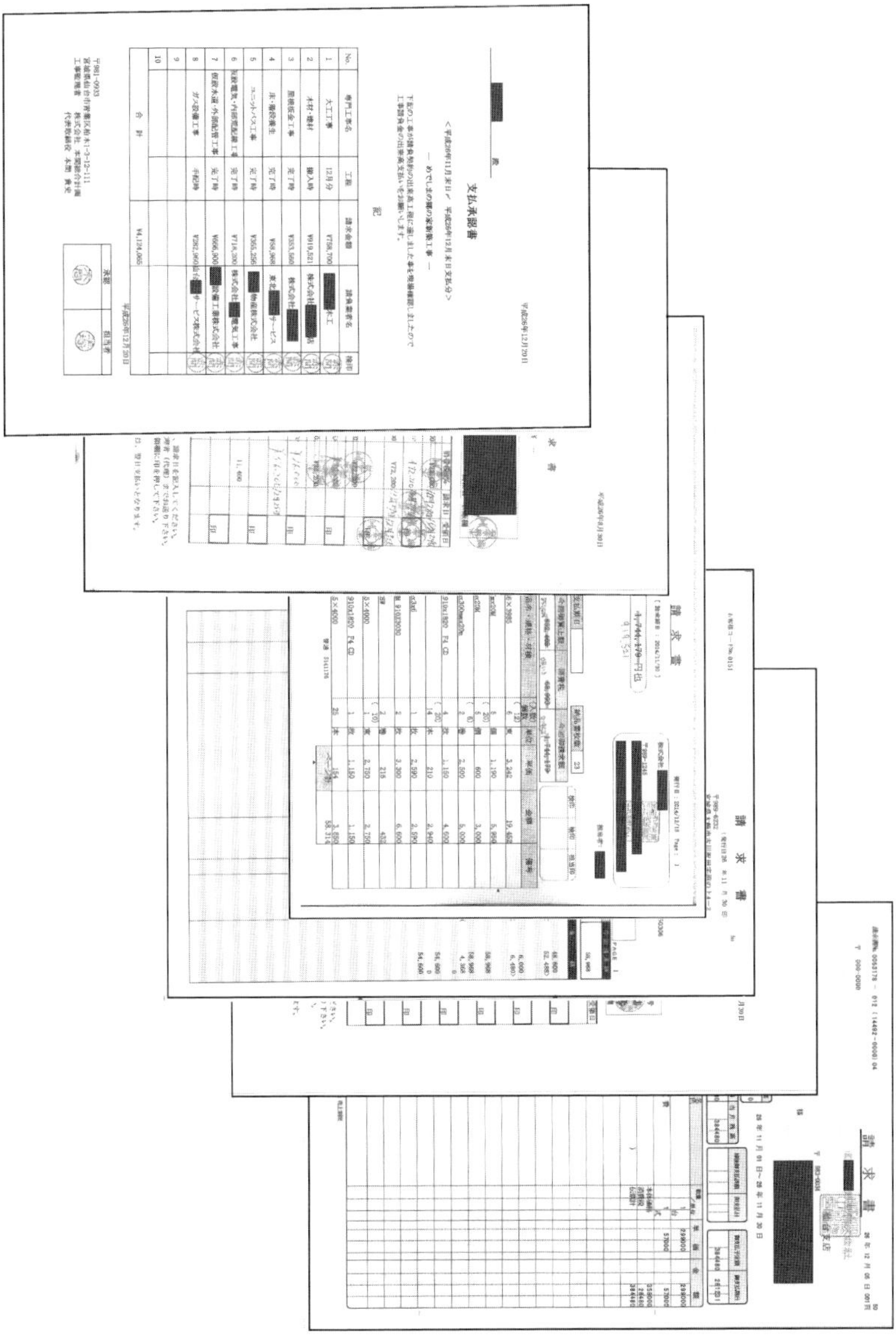

2015/01/20(火) 18:58
[redacted]
[324medeshima] [61] 324めでしまの郷の家の件
宛先　めでしまの郷の家

324現場写真（天井クロス貼①）150120.jpg 1 MB
324現場写真（天井クロス貼②）150120.jpg 2 MB
324現場写真（壁クロス貼）150120.jpg 1 MB

大変お世話になっております。

㈱本間総合計画の●●です。

お疲れ様です。
本日、現場確認をしてきました。

内装クロス貼が完了しています。
今週末に壁の珪藻土の材料が搬入され
引き続き珪藻土塗りを進めて行く予定です。

壁仕上げが完了した時点で、内部木製建具を搬入し
建具大手部分の塗装を行う予定でいます。
おおよその目安としては２月第一週の後半から
第二週の前半頃になると思います。

上記工事終了後、設備機器及び照明器具等の
取付が進められ、検査終了後に竣工の流れとなります。

今週の予定としては、畳工事の採寸が予定されていますが
その他の工事の予定はありません。

工程表について、現在各専門工事業者様と
協議を進めている最中ですので、まとまり次第
改めてご連絡させていただきます。

2015/02/09(月) 14:20
[redacted]@softbank.ne.jp
[324medeshima] [68] めでしまの郷の家新築工事
宛先　324medeshimanosato@googlegroups.com

150209_110706.jpg 384 KB
150209_140654.jpg 438 KB
150209_083800.jpg 439 KB
150209_112522.jpg 404 KB

お疲れ様です。
●●塗装（株）の●●です。
めでしまの郷の家新築工事、外部木製サイディング、キシラデコール塗装、終了しました。

デッキ材については、大工工事後に、上塗りしたいと思います。

色麻町出発時点は雪でした。愛島も、山が近いので心配しながら向かいましたが、結構晴れてて、たまに雪がチラチラって程度でした。

木製サイディング、吸い込みが強いので、もぅ乾いてます。　雪、当たっても、大丈夫です。

--

このメールは Google グループのグループ「めでしまの郷の家新築工事」の登録者に送られています。

このグループから退会し、グループからのメールの配信を停止するには 324medeshimanosato+unsubscribe@googlegroups.com にメールを送信してください。

このグループに投稿するには、324medeshimanosato@googlegroups.com にメールを送信してください。

このディスカッションをウェブ上で閲覧するには、https://groups.google.com/d/msgid/324medeshimanosato/20150209142022702514.144d%401c6f65f9cc70 にアクセスしてください。

その他のオプションについては、https://groups.google.com/d/optout にアクセスしてください。

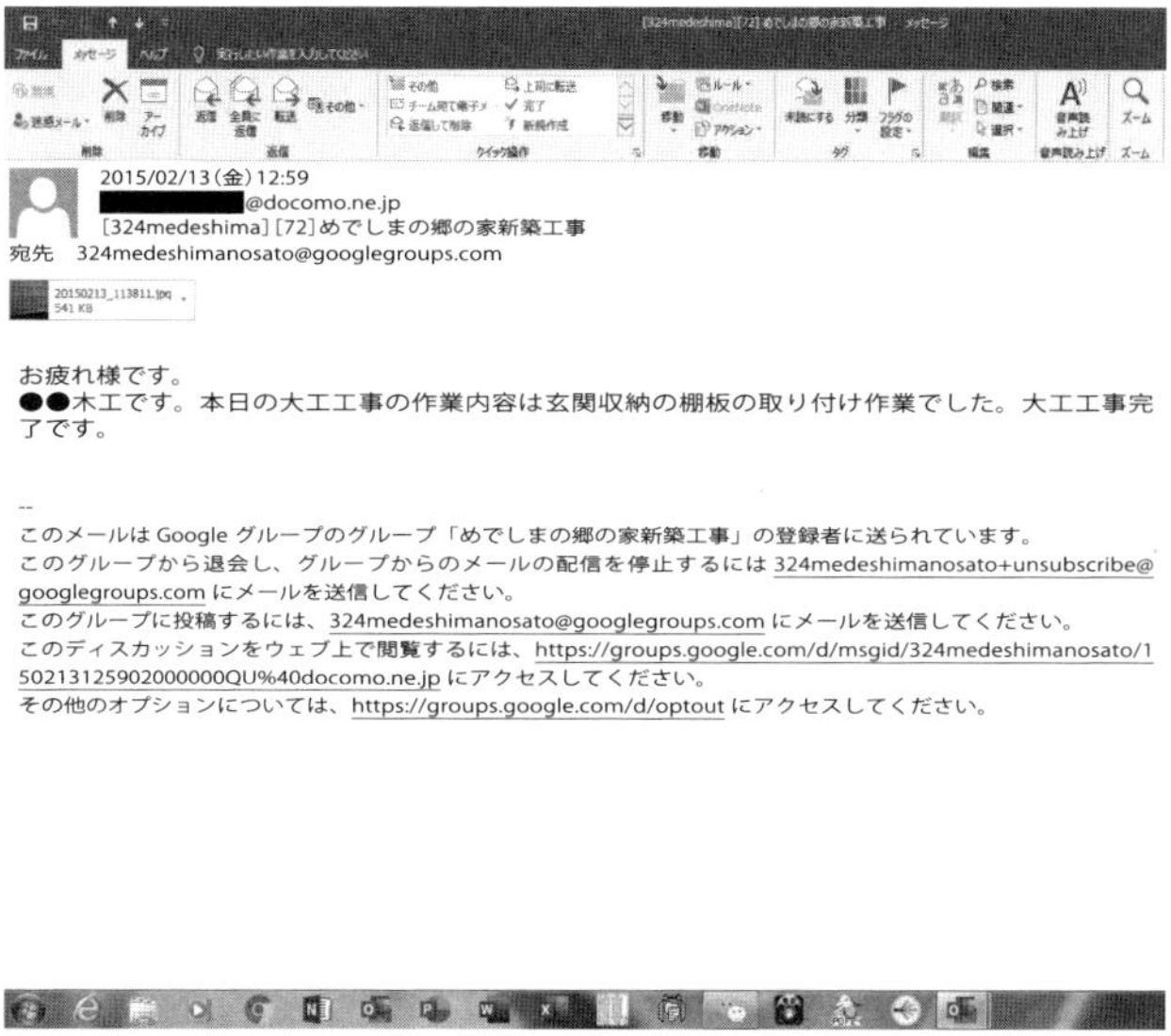

2015/02/13(金)12:59
[redacted]@docomo.ne.jp
[324medeshima] [72]めでしまの郷の家新築工事
宛先　324medeshimanosato@googlegroups.com

20150213_113811.jpg
541 KB

お疲れ様です。
●●木工です。本日の大工工事の作業内容は玄関収納の棚板の取り付け作業でした。大工工事完了です。

--

このメールは Google グループのグループ「めでしまの郷の家新築工事」の登録者に送られています。

このグループから退会し、グループからのメールの配信を停止するには 324medeshimanosato+unsubscribe@googlegroups.com にメールを送信してください。

このグループに投稿するには、324medeshimanosato@googlegroups.com にメールを送信してください。

このディスカッションをウェブ上で閲覧するには、https://groups.google.com/d/msgid/324medeshimanosato/150213125902000000QU%40docomo.ne.jp にアクセスしてください。

その他のオプションについては、https://groups.google.com/d/optout にアクセスしてください。

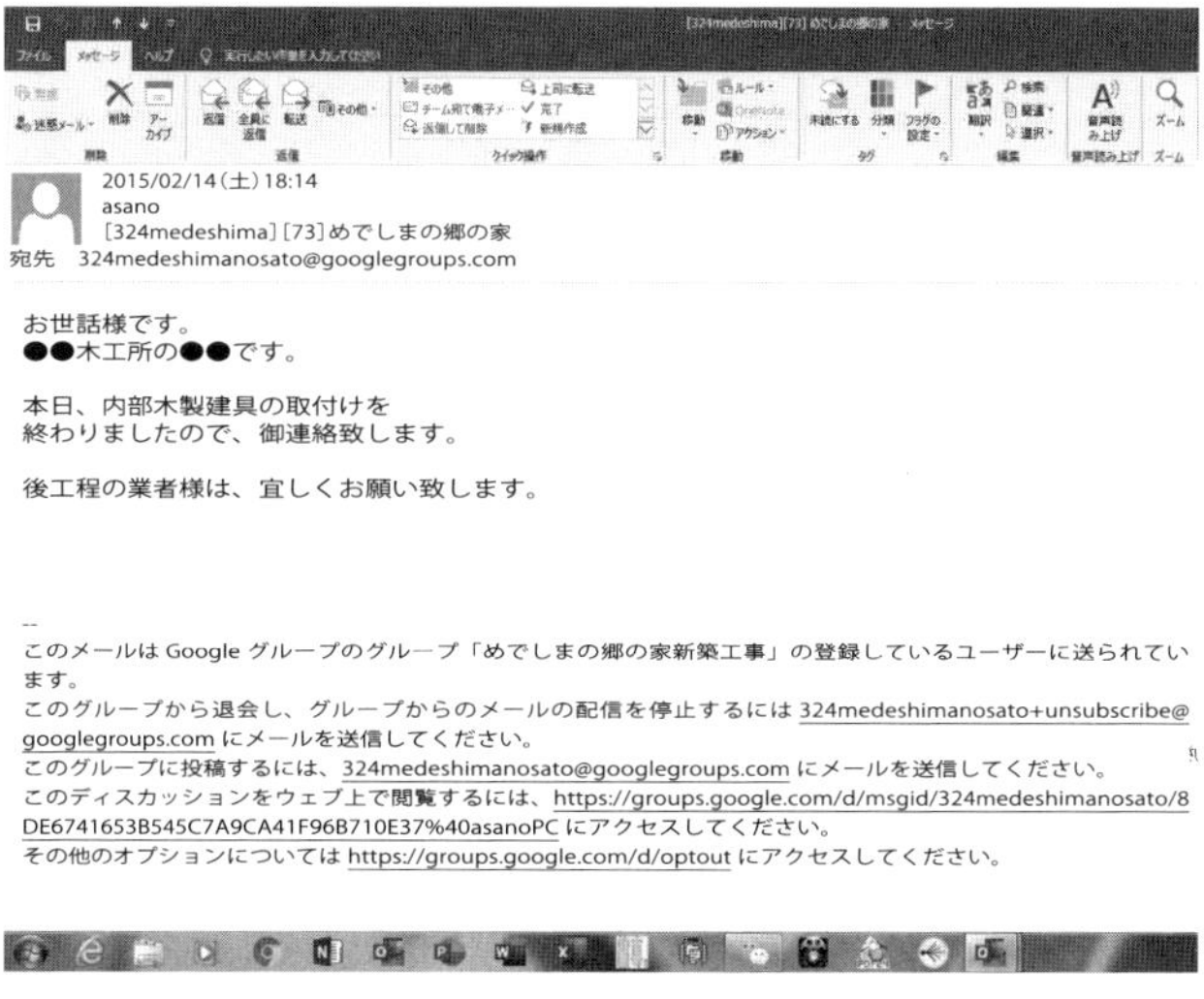

2015/02/14(土)18:14
asano
[324medeshima] [73]めでしまの郷の家
宛先　324medeshimanosato@googlegroups.com

お世話様です。
●●木工所の●●です。

本日、内部木製建具の取付けを
終わりましたので、御連絡致します。

後工程の業者様は、宜しくお願い致します。

--

このメールは Google グループのグループ「めでしまの郷の家新築工事」の登録しているユーザーに送られています。

このグループから退会し、グループからのメールの配信を停止するには 324medeshimanosato+unsubscribe@googlegroups.com にメールを送信してください。

このグループに投稿するには、324medeshimanosato@googlegroups.com にメールを送信してください。

このディスカッションをウェブ上で閲覧するには、https://groups.google.com/d/msgid/324medeshimanosato/8DE6741653B545C7A9CA41F96B710E37%40asanoPC にアクセスしてください。

その他のオプションについては https://groups.google.com/d/optout にアクセスしてください。


メーリングリスト／建て主さん・設計者・各専門工事業者間の連絡用に活用し、情報の共有を図った。

含む）となりました。

工事中は、メーリングリストを活用し、現場情報の共有を図りました。設計者からの発信はもとより、各専門工事業者からの日々の報告・連絡等に使用することで工事の進捗状況等を関係者間で共有できました。結果として、お正月を含む工期でしたが、６カ月弱のスケジュールを滞りなく進め、竣工を迎えることができました。

日本バプテスト連盟　南光台キリスト教会　新築工事

私の事務所への建築相談は、Ｅメールでの問い合わせから始まることが多いです。南光台キリスト教会の場合もそうでした。

２００５年5月28日、牧師さんから初めてのＥメールをいただきました。新会堂建築にあたり、建築懇談会へ足を運んでもらえますかという内容でした。私は以前から、教会は人々の心の拠り所であり最も精神性を表す建築だと感じていたので、心を躍らせたことをよく覚えています。

２００５年6月12日、礼拝の後に開かれた建築懇談会に出席しました。そこで計画概要とご予算をお聞きしたのですが、通常では考えにくい低予算でしたので、「倉庫」程度なら建築できるが教会堂は難しいと正直に申し上げました。

写真上／礼拝堂（夜景）　写真下／南西外観

さらに、私がこの席で「建築設計を聖職と考えています」といったことが、牧師さんを含め教会員の方々に、印象深く残ったとお聞きしています。聖職者を前にして「聖職」などといったのですから、大胆に映ってもおかしくない話です。

教会員の方々をがっかりさせるような意見と失礼な発言までしてしまい、もうこのお話は終わってしまったのかな……と思い始めた4カ月後、教会から再び連絡をいただきました。さらにその後、懇談会から10カ月後の２００６年4月、契約前設計を行うことになりました。建築委員の方々の誠実さや人柄、良い会堂をつくりたいという思いが率直に伝わり、突き動かされてのことです。

後の牧師さんからのメールには、「職務と自分の存在が分かちがたく結びついているということは、そんなふうに『仕事』を生きられるのはすばらしいと思います。」と記されていました。

２００６年4月24日のヒアリング、翌25日の実測調査、その後の補足調査を重ね、礼拝や教会学校に参加し、使われ方を実際に体験しました。これらは貴重な調査結果として反映させています。また、敷地周辺模型を作製し、周辺建物が敷地に落とす影を計算し、礼拝堂の位置や窓の光の射し方を検討しました。

・設計上の工夫

設計中の最大の課題はコストでした。当初、予算の関係から教会堂と牧師館を同じ一棟で検討していたのですが、牧師さん家族のプライバシーや良好な礼拝環境を実現するために別棟としました。そして、教会堂及び牧師館ともに単純な正方形平面にすることで、外周の長さを抑え、建材の数量等が最小限になるように心掛けました。

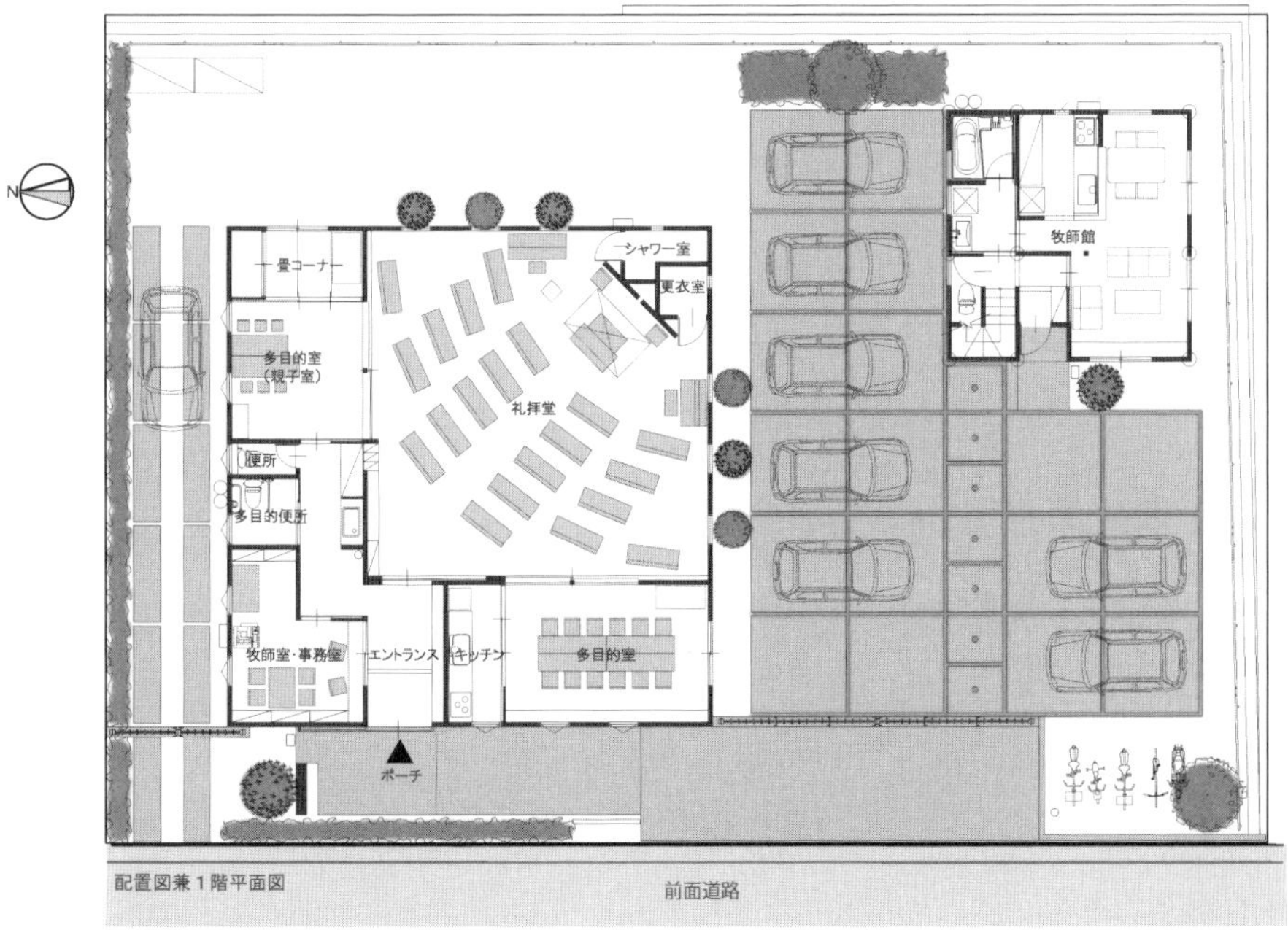

配置平面図

会堂

・構造　木造軸組工法（＋張弦トラス）平屋建て
・延床面積　162.31㎡（約 49.1 坪）

牧師館

・構造　木造軸組在来工法２階建て
・延床面積　79.91㎡（約 24.17 坪）

延床面積合計 242.22㎡（約 73.27 坪）

一方、教会は災害時の拠り所となり得るため、災害への強さも求められます。耐力壁（地震や台風時の横から来る力に抵抗できる壁）をバランスよく配置し、良好な偏心率を得やすい正方形は、コスト面だけでなく構造面にも有効です。つまり、最小限のコストで高い耐震性を目指した平面計画を行いました。

南光台キリスト教会は竣工3年後に東日本大震災に見舞われましたが、教会堂・牧師館とも大きな被害はなく、震災直後から避難所となり、近隣の高齢者も身を寄せ、震災2日後には主日礼拝を捧げることができたそうです。

また、教会堂の配置を隣地境界線（隣の敷地との境界線）から3メートル以上離すことで非防火構造が可能になり、結果的にコスト削減を果たしました。さらに、近隣に対する音の問題と既存の擁壁への側圧をかけないことなどを考慮し、配置計画を行いました。

主な建設資金を献金によった教会建築は、民間施設でありながらある意味では公共事業よりも公共性の高いプロジェクトといえます。地域の人々が集まる公共的な施設ですから、できるだけ国産材(杉)を使いたいという思いがありました。牧師館の構造材は土台を除いてすべて杉を利用しています。

一方で礼拝堂の梁は約13メートルもの長さを飛ばしているため、大きな断面にするとコスト高になってしまいます。国産材（杉）の中断面以下の部材を使うには、架構に工夫が必要でした。そこで大スパンを中断面以下の材断面で成立させるため「張弦トラス」を採用しました。これによって、国産材（杉）のような細材とハイブリッド集成材で約13メートルのロングスパンを実現できました。

会堂の構造計画：木造軸組み在来工法

木造スケルトン＆インフィル

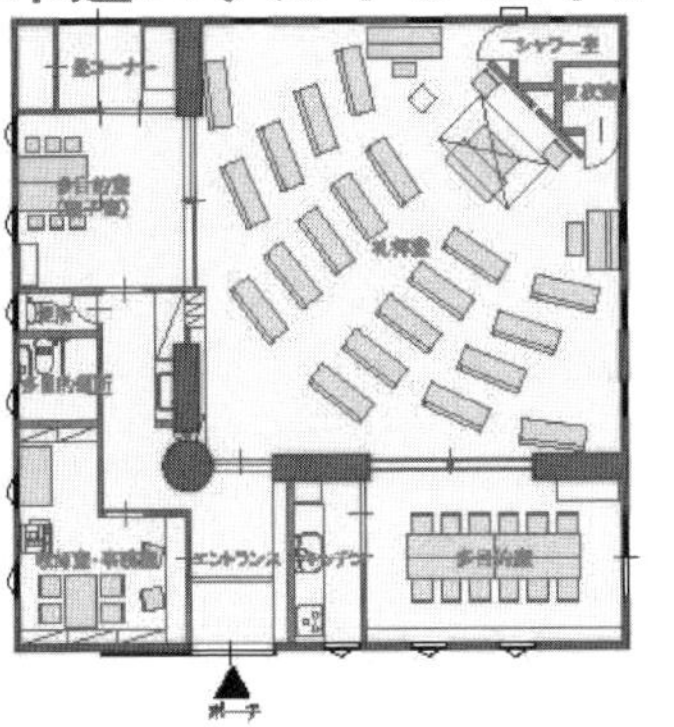

会堂もできるだけ耐力壁を外壁側に集中させ内部の筋交いを最小限とし、将来の間取りの変更の自由度を高めている。

牧師館の構造計画：木造軸組み在来工法

内部通し柱以外は容易に壊せる構造とした・・・将来の間取り自由度に配慮

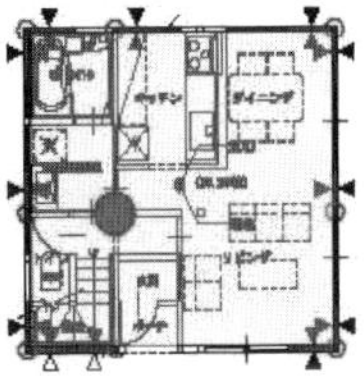

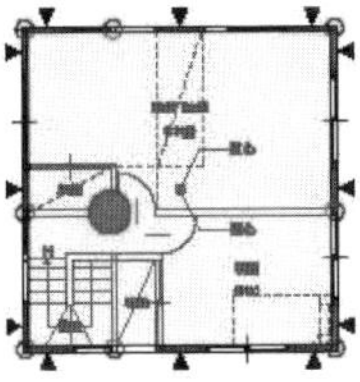

基準法の2倍以上の壁余裕度　(2.00倍～2.24倍)

●●判定表　単位 m

●	方向	所●軸●●	判定	●●軸●● 床面積（地震力）	●●軸●● 見●面積（●●力）	壁余裕度
2	X	13.650	〉OK	6.087	5.130	2.24
	Y	13.650	〉OK	6.087	5.130	2.24
1	X	26.390	〉OK	11.409	13.130	2.00
	Y	27.300	〉OK	11.409	13.130	2.07

偏心率0.01以下

壁配置診断表

階	方向	壁●安全率		偏心率		●心率	
2	X	2.24	優良	0.00	優良	0.00	優良
	Y	2.24	優良	0.00	優良	0.00	優良
1	X	2.00	優良	0.01	優良	0.00	優良
	Y	2.07	優良	0.00	優良	0.01	優良

(0.01～0.10)

木造スケルトン＆インフィル

架構模型

原寸検査

張弦トラス組立

礼拝堂の大スパンの梁（約 13m）は張弦トラスを採用することで､木材費用の縮減を図った。木造張弦トラスの品質確保のため、原寸検査を実施した。接合金物の納まりなどを大工工事の担当者と金物工事を担当する鉄鋼所のスタッフと検討協議した。

・コストモニタリング

前述のような設計上の工夫の他に、コスト上の工夫も行いました。今回は、実施設計終了段階で予算を約５００万円超過していましたので、減額案をご承認いただき設計変更を行いました。

それでもなおいっそうの予算調整が必要だったため、建て主さんに対し私からＣＭ分離発注方式を提案させていただきました。教会の建設委員及び教会員、さらに連盟本部役員などへの詳細説明を行ったのち、最終的にＣＭ分離発注方式で工事を行うことに決定しました。

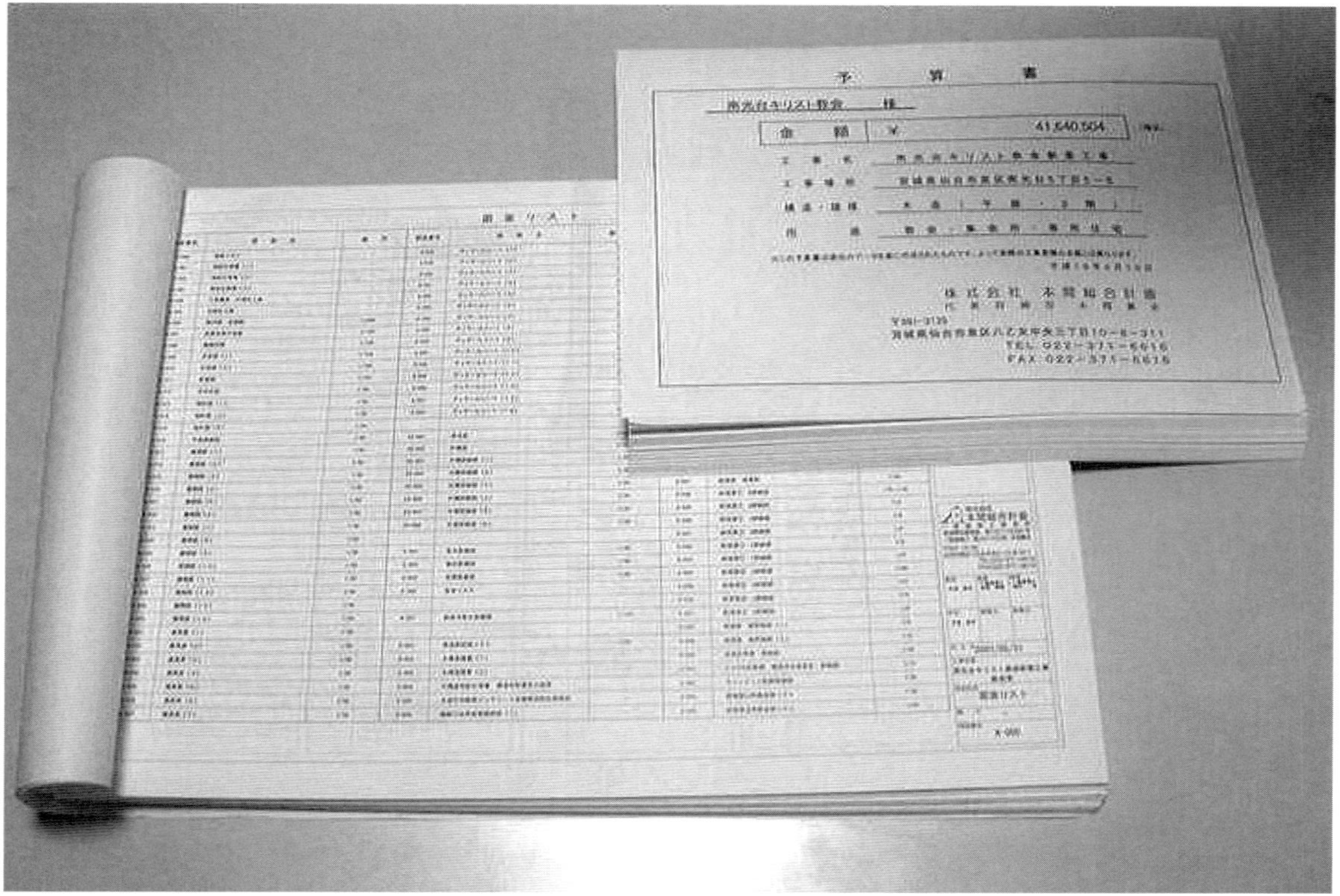

実施設計図と予算書／基本設計時は、建て主さんの要望をできる限り取り入れ、概算予算書を作成する。実施設計の後半に過去の実績により把握している単価から予算書を作成する。

南光台キリスト教会新築工事

減額案集計

	設計変更後						設計変更前						
	名　称	内　容	数　量	単位	単　価	金　額	名　称	内　容	数　量	単位	単　価	金　額	差　額
1	仮設工事 取止め												-1,000
	建築許可看板					−	建築許可看板		1.00	式	1,000	1,000	-1,000
2	地業工事 取止め												-48,693
	防湿シート敷						防湿シート敷		162.31	m²	300	48,693	-48,693
3	多目的室収納棚 取止め												-107,605
	大工労務費					−	大工労務費		1.00	式	40,000	40,000	-40,000
	木材					−	木材	白松集成材	6.00	枚	7,800	46,800	-46,800
	背板					−	背板	シナ合板　t = 5.5	3.00	枚	880	2,640	-2,640
	塗装					−	塗装	CL 塗装 3 回塗り	12.11	m²	1,500	18,165	-18,165
4	聖書棚 仕様変更												-30,925
	週報ボックス	施主支給 A4-54P（ネット購入）	1.00	台	44,580	44,580	週報ボックス	A4-54P	1.00	台	73,000	73,000	
	同上送料		1.00	式	1,000	1,000	掲示板	ロールコルク 小粒コルクシート	1.70	m	4,950	8,415	
	掲示板	シナ合板　t = 5.5	2.00	枚	880	1,760							
	塗装	CL 塗装 3 回塗り	2.10	m²	1,500	3,150							

※金額は概算金額です。　　1 − 13　　株式会社本間総合計画

減額案／予算を超えた場合、予算内に収めるために減額案を数十項目にわたり作成し、どの減額案にするか建て主さんに選択してもらう。ここで承認された項目を実施設計図に反映し、同時に予算書も変更訂正する。

・工事発注の工夫

競争原理を働かせて工事費を抑えたいという願いは、どの発注者にも共通している部分です。それを実現するポイントは、できるだけ多くの専門工事業者に競争見積もりへ参加してもらうことです。しかし、戸建住宅や小さな教会など小規模な建設工事では、専門業者の見積もり参加も限定的になりがちで大幅なコストダウンは望めません。

そこで今回は、同時進行で設計を進めていた他の案件との【合同発注説明会】を開催し、スケールメリットに期待する作戦をとりました。もちろん異なる発注者の工事ですが、それぞれの発注者が互いにメリットを享受できると考えてのことです。

結果は、48社もの専門工事業者が競争見積もりに参加してくれました。見積比較表を作成したところ、狙い通りの競争原理が働き、教会堂においては約2００万円、牧師館においては約1００万円も予定価格を下回ることができました。そのおかげで、一度は諦めた仕様を復活させることができたことが印象に残っています。

発注説明会風景

工程会議風景

屋根板金	金属（製作）	金属（既製）	金属建具	木製建具	塗装	外装	内装	畳	住設	キッチンSU	電気	給排水	ハウスクリーニング床養生	合計	外構	フェンス（材のみ）	案内板
															705,806	125,910	372,600
				1,084,945											458,507	115,979	
															374,644		285,000
															829,702		375,000
		53,610								594,449							
		34,640	800,000		1,030,000	280,000											
																	330,000
1,060,000						300,000											
1,151,895																	
1,003,975																	
	650,700	61,390								408,300							
	265,250	60,180															
	420,990	101,610															
			1,182,200														
			757,055														
			962,100														
				763,000													
				758,700													
					785,361												
					935,318												
							158,076										
							152,806										
							153,193										
							220,000										
								34,500									
								37,800									
									239,000	356,046		1,619,800					
									201,148	235,825							
												700,000					
												1,189,720					
											871,535						
											939,500						
											947,585						
											1,401,750						
													162,100				
													136,000				
1,132,831	673,910	21,640	1,132,000	640,000	811,105	296,362	171,249	25,500	201,992	263,227	897,950	823,440	152,209	19,813,953	457,466	72,965	330,000
1,003,975	265,250	34,640	757,055	758,700	785,361	280,000	152,806	34,500	201,148	235,825	871,535	700,000	136,000	17,770,454	374,644	115,979	285,000
-128,856	-408,660	13,000	-374,945	118,700	-25,744	-16,362	-18,443	9,000	-844	-27,402	-26,415	-123,440	-16,209	-2,043,499	-82,822	43,014	-45,000

設計監理料	ＣＭ業務料	設計料消費税	申請手数料	合計
2,637,423	2,637,423	263,742	61,000	27,753,942
2,433,885	2,433,885	243,389	61,000	25,616,789
-203,538	**-203,538**	**-20,354**	−	**-2,137,152**

※ 5/7 現在の暫定の比較表ですので金額が変動することがあります。

南光台キリスト教会新築工事（教会堂）　見積比較表

工種 / 業者名	仮設足場	仮設トイレ	トイレ汲取	仮設	仮設（電・水）	改良工事	基礎	モニュメント足場	コンクリート	コーキング	防水	大工	木材（請負）	木材（注文）	建材
㈱○○足場	224,450														
㈲○○工業	425,618														
㈲○○左官							2,473,916	70,000	637,000						
○○工業							2,263,149	62,500	474,801						
㈲△△工業	860,345	140,000	40,000	660,000	210,000	1,300,000	2,979,141		559,908						
㈱○○○○									421,601						
㈲○○○○○						400,000									
㈱○○○											175,000				
○○○○○工業										153,215	160,000				
○○木工												3,860,000			
㈱○○○○○○○○○													2,580,000	567,520	1,465,953
㈱○○建材店	181,415			206,000						80,639			1,750,000	620,885	1,432,835
○○○○木材㈲												3,916,156	2,173,000	854,000	2,028,000
○○木材㈱															
○○板金店															
㈱○○商店															
㈲○○板金工業															
○○○商事㈱															
㈲○○製作所															
㈲△△製作所															
東北○○アルミ販売㈱															
㈲○○アルミ															
東北○○○㈱															
○○木工所															
㈲○○建具製作所															
㈲○○															
○○塗装店															
○○塗装工業所															
㈱○○内装															
㈲○○○○内装															
㈲○○ワークス															
㈲○○○○															
㈱○○															
㈱○○インテリア															
○○商店															
○○○畳工業															
仙台○○サービス															
㈱○○○○															
○○設備工業㈱															
△△設備工業㈱															
㈲□□設備工業															
㈲○○電気															
○○電気商会															
㈱○○電気工事															
○○電設工業㈱															
○○電気㈱															
㈱東北○○サービス		30,000													
仙台○○○㈱															
予算取り			28,000		70,000										
予算書金額	252,002	35,000	28,000	298,500	70,000	400,000	2,699,533	—	576,040	100,503	132,000	3,948,563	1,981,912	597,746	1,450,739
選定金額	181,415	30,000	68,000	206,000	70,000	400,000	2,263,149	62,500	421,601	80,639	160,000	3,860,000	1,750,000	567,520	1,432,835
差額	-70,587	-5,000	40,000	-92,500	—	—	-436,384	62,500	-154,439	-19,864	28,000	-88,563	-231,912	-30,226	-17,904

	竣工調書作成 監理記録写真等	本体付帯工事費（上記参照）	リスク調整費	外構工事費（上記参照）	工事費消費税
予算書金額	125,000	19,813,953	300,000	860,431	1,054,969
見積総金額	125,000	17,770,454	800,000	775,623	973,554
差額	**—**	**-2,043,499**	**500,000**	**-84,808**	**-81,415**

プロジェクト組織図（会堂）

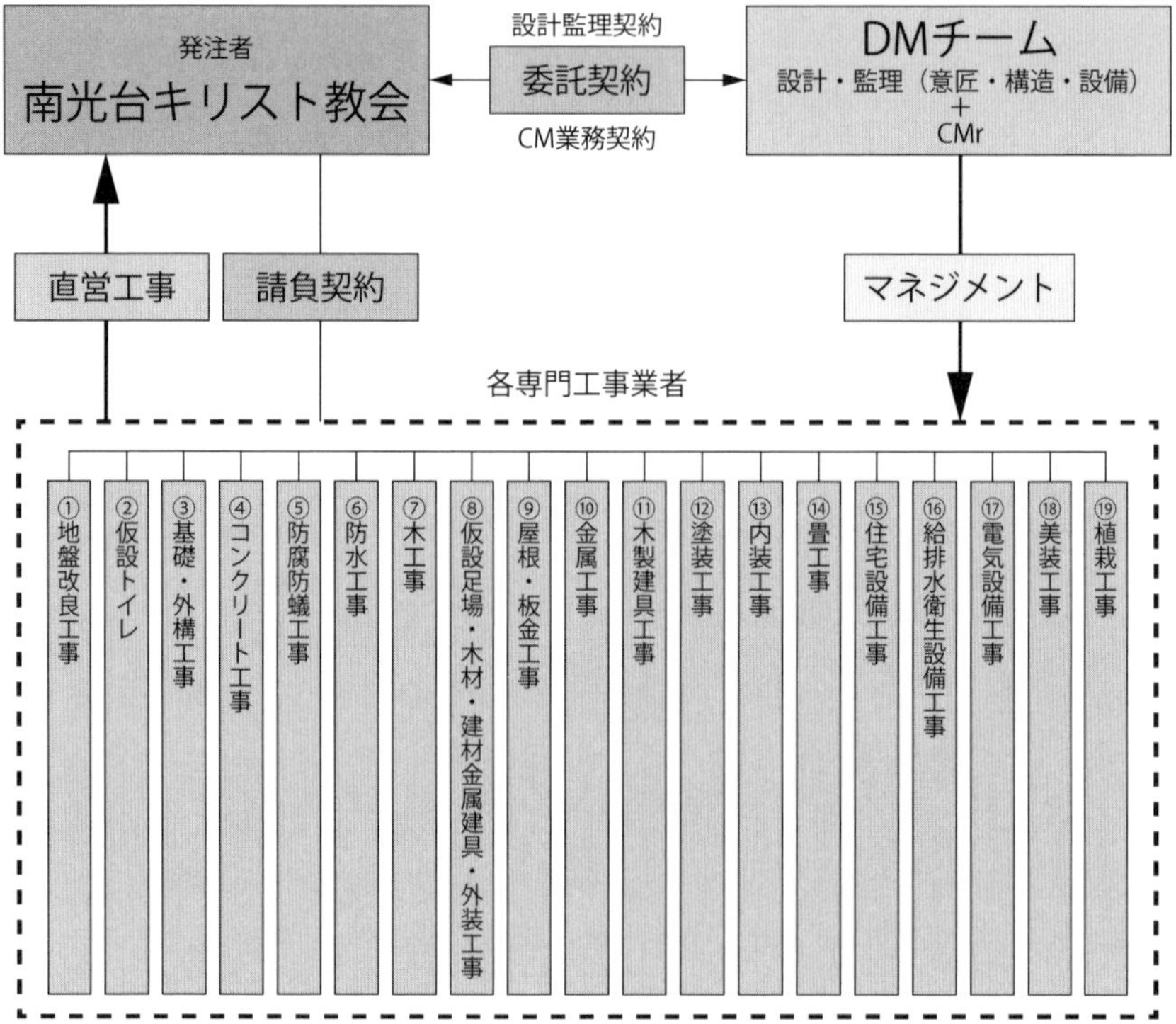

29 工種を 19 種類に区分して CM 分離発注を実施

プロジェクト組織図（牧師館）

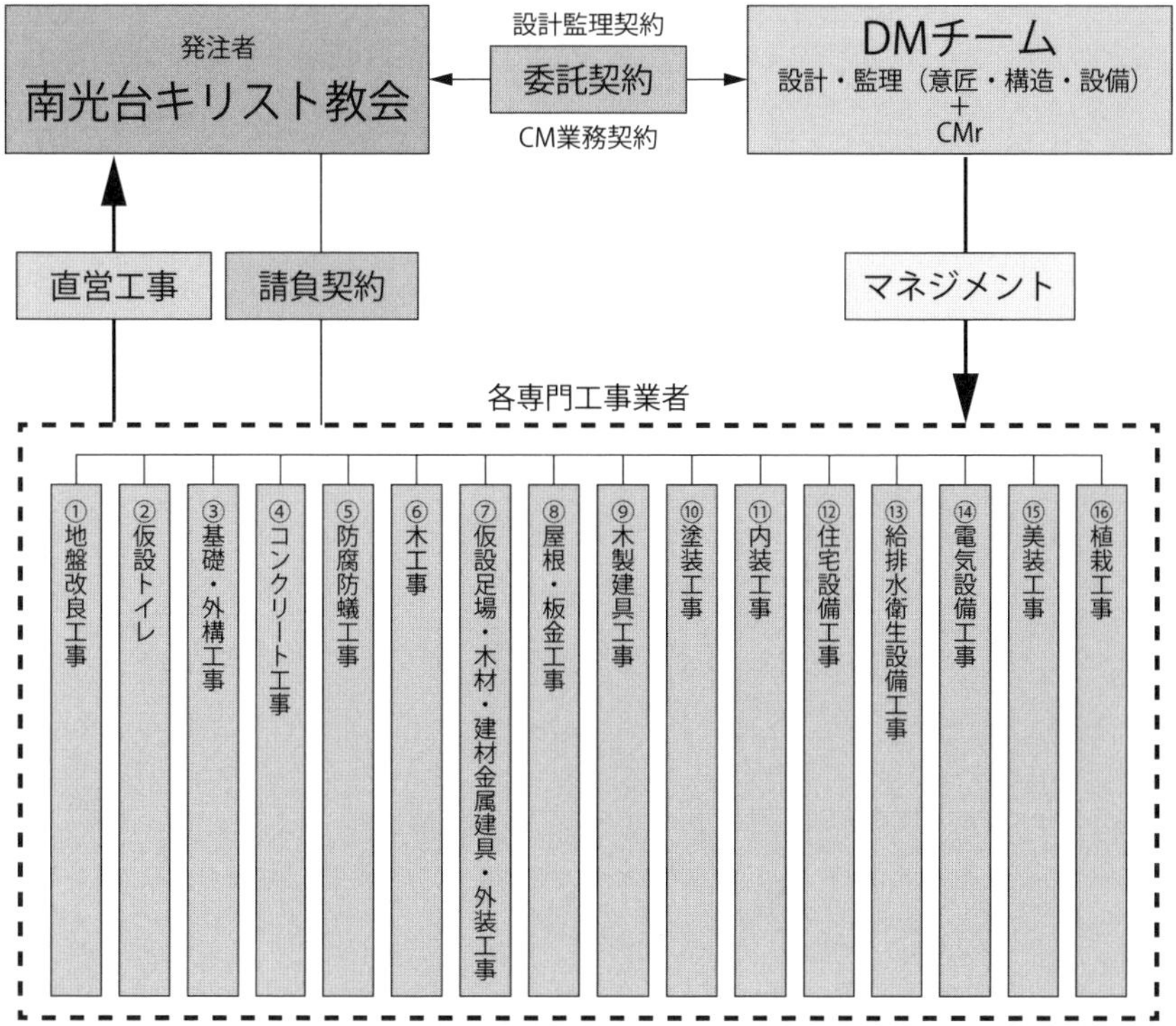

25工種を16種類に区分してCM分離発注を実施

２００7年5月27日、起工式及び調印式が行われ工事が始まりました。ほぼ毎日の工事監理、そして打ち合わせを重ね、２００7年12月2日、竣工の日を迎え、クリスマス礼拝に間に合わせることができました。

コストコントロールの難易度という意味では、難しい事例だったと思います。試行錯誤を繰り返しながらではありましたが、成功した要因を今振り返ってみると、「発注者の理解」が大きいと感じています。「ＣＭ分離発注方式は発注者がリスクを引き受ける方式であること」を理解した上で、私たちを信頼してくれたことが難局を乗り越える大きな励みになったと思います。

南光台キリスト教会のみなさんは、いつも私たちに〝感謝に始まり感謝に終わる〟その気持ちを伝えてくださいました。そのことが常にクライアントに信頼されているという安心感につながり、私たちのエネルギーの源になりました。

以前の教会堂は40年で建て替えられましたが、新会堂は私自身がこの世を去っても末長く存在できるよう設計したつもりです。南光台キリスト教会が、いつまでもみなさんに愛され続けるように心から願っています。

竣工引渡し式

クリスマス礼拝

第8章

震災と復興

被災地の復興（葬祭会館セラホール名取）

東日本大震災後に起こった復興特需は建築業界を混乱させました。建設物価の高騰等により、被災地の建設計画は至る所で大幅な予算超過と工期変更を余儀なくされ、結果的に復興の足かせになってしまったのです。ここではその例を挙げ、どのように解決したのかをご説明します。

葬祭会館セラホール名取は、東日本大震災の甚大な被害を受けた被災地、宮城県名取市にあります。計画当初は、鉄骨造平屋建ての葬祭会館に小規模なホールを増築するという比較的容易なプロジェクトのはずでした。

当初、施工はかつてこの葬祭会館を施工したゼネコンへ依頼する予定でしたが、基本設計に着手直後、東日本大震災が発生し状況が一変します。震災で建て主さんご自身も罹災され、計画の建物から少し離れた本社社屋は津波の直撃で全壊の被害を受けました。そこに保管されていた葬祭会館の資料等はすべて津波で流出してしまいました。

「地元名取閖上《ゆりあげ》に葬儀社があって良かったと思われる会社にしたい」

それが創業者の理念であり、建て主さんもその思いを受け継いでおられました。被災者のために一刻も早く役に立ちたい気持ちでいっぱいだったのです。しかし、建て主さんご自身も被災している状況のため、その思いの実現には可能な限りの建設工事費と工期の縮減が必要でした。

やがて被災地の復旧復興工事が始まり、建設業者の不足や建設物価の高騰が日に日に深刻化していきました。当初予定していたゼネコンの施工では、大幅な予算超過と工期の延長が見込まれました。そんな先行き不透明な状況下で突破口を見出すために、ゼネコン2社とCM分離発注方式を比較してみることにしました。

ゼネコンに施工のすべてを依頼することを一括発注方式といいます。対して、ゼネコンが関与せず工種ごとの各専門工事業者に工事を分割して施工を依頼することをCM分離発注方式といいます。

津波で壊滅的な被害を受けた名取市閖上地区

津波で全壊した本社社屋①

津波で全壊した本社社屋②

ゼネコン2社とCM分離発注方式でコストと工期の比較をした結果、次の図が示す通りとなりました。ゼネコンの見積もりは、A社が8100万円台、B社が9700万円台であったのに対し、CM分離発注方式は6300万円台でした。工期においてもA社は4カ月先の着工、B社は6カ月先の着工であったのに対し、CM分離発注方式は当初の予定通りの1カ月半後の着手が可能との結果でした。

以上のことから、最終的にCM分離発注方式で施工を行うことに決定しました。

CM分離発注方式の施工者選定は、1工種に対し複数の専門工事業者を募って発注説明会を開催するのですが、今回の参加案内は震災の建設特需の状況下であったため、100社近い専門工事業者へ呼びかけを行いました。

さらにできる限り競争原理が働くように、工事の種類の区分を細かく分けるなどの対策を行いました。これは例えば住宅の場合、ユニットバスはA業者が、流し台はB業者のほうが安い見積もりの場合、分けて発注すればコストが下がるということです。

震災後の激しい物価変動の中、最終的には予定総工事費よりも5%程度超過したものの、事前に準備を行っていた減額案が承認され、着工の運びとなりました。工期においても、一括発注方式で行うよりも4カ月早い竣工となり、震災前の予定工期に近づけることができました。この工期縮減の成果は想定以上でした。

震災直後の混乱の中、最大の課題であったコストと工期が縮減され、CM分離発注方式は、建て主さんの思いの実現に大きく貢献したと思います。

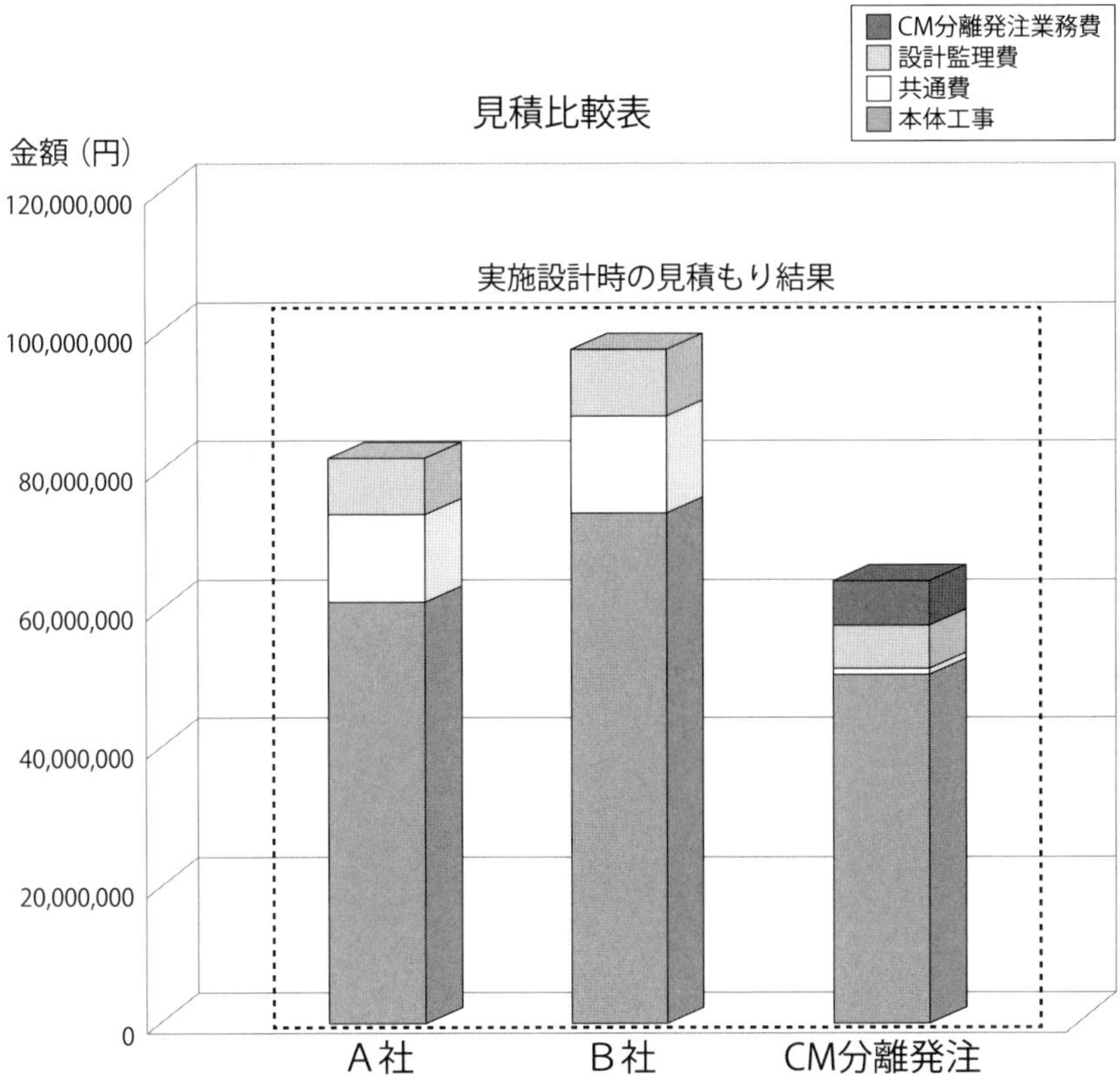

ゼネコン２社と CM 分離発注方式との見積比較

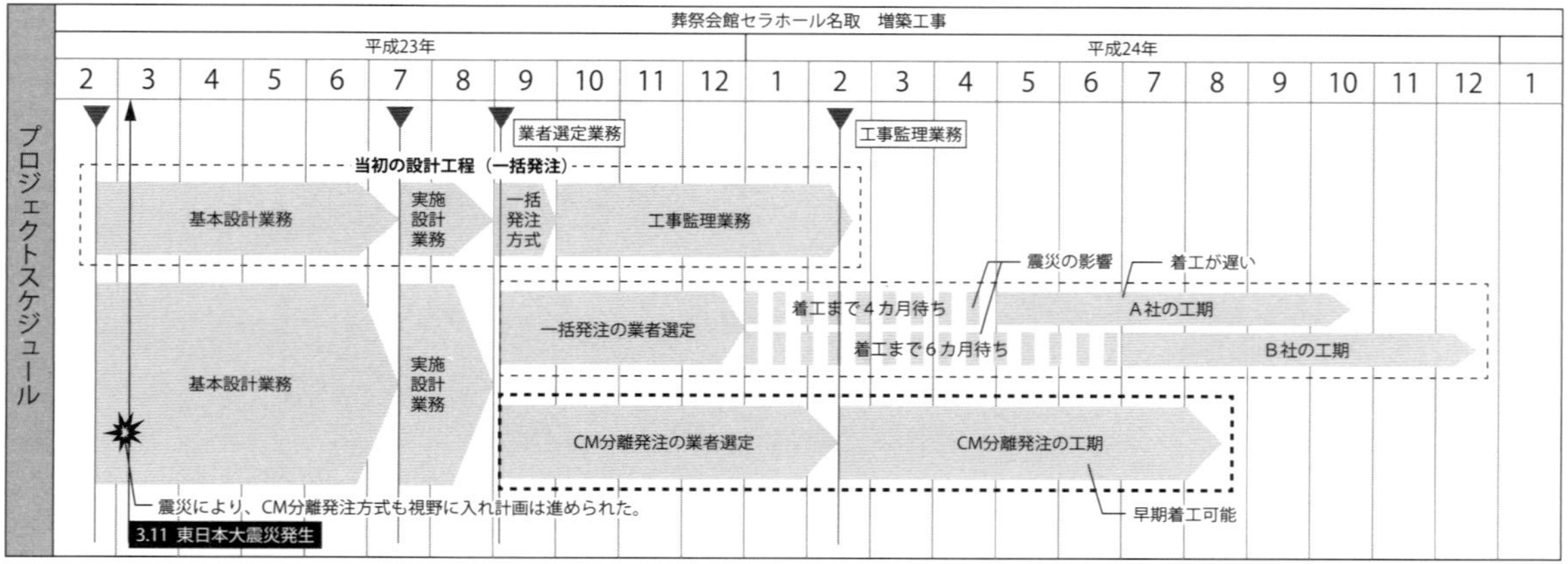

プロジェクトスケジュール

プロジェクト組織図

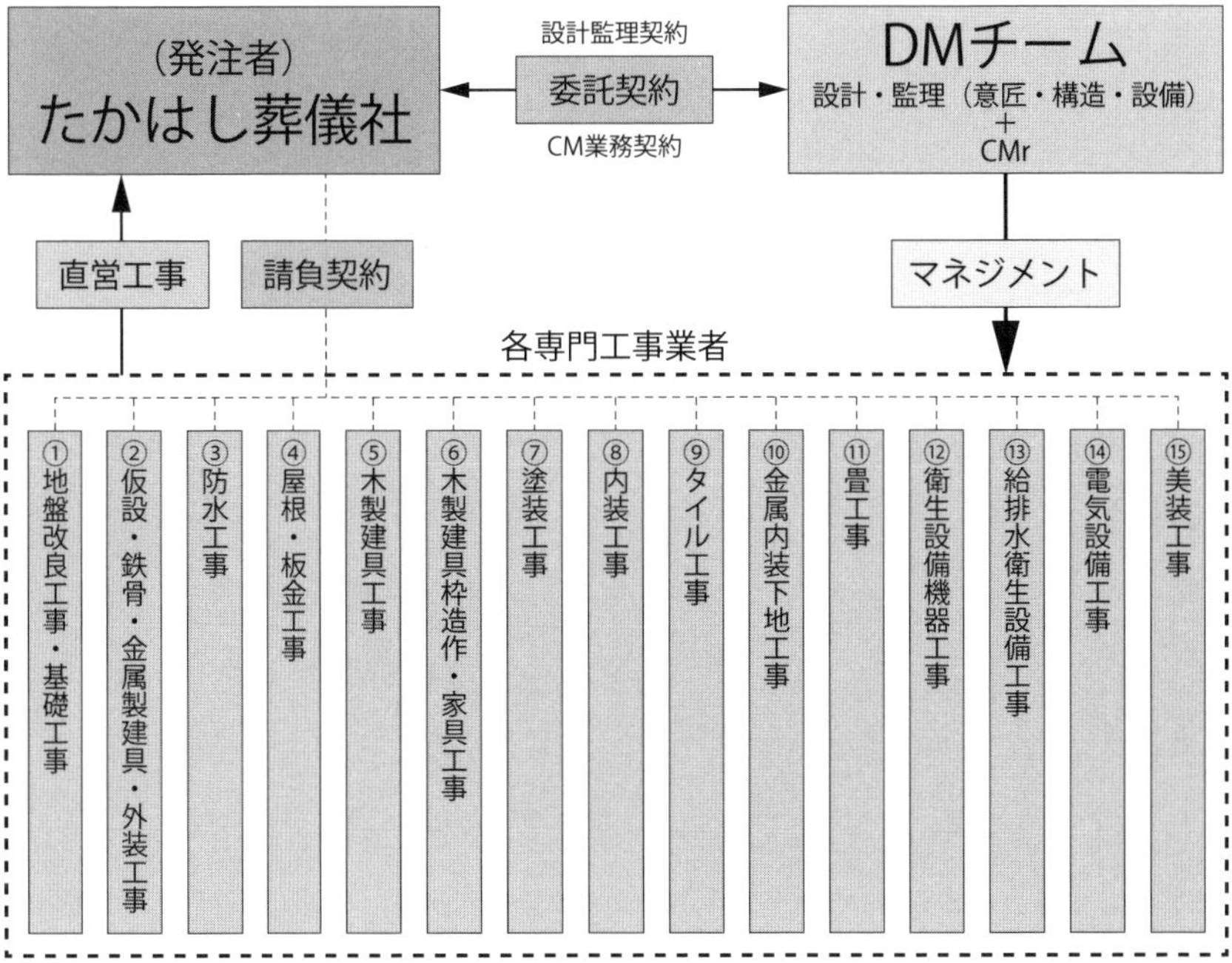

29 工種を 15 種類に区分して CM 分離発注を実施

第9章

家づくりのリスクと保険

一般的に新築住宅に欠陥、いわゆる**瑕疵**《かし》[14]があった場合の保険は住宅瑕疵保険が適用されます。

住宅瑕疵保険とは「住宅瑕疵担保履行法」という法律ができた時に新しくつくられた住宅専用の保険です。この法律は「基礎や柱などの構造上主要な部分」「屋根や外壁など雨水が室内に浸入するのを防止する部分」について、**引渡し**[15]から10年の間に瑕疵が発生した場合、きちんと賠償できるように十分なお金を確保しておくことを、「**建設業者**[16]」に義務付けた法律です。その方法の一つが、住宅瑕疵保険への加入です。

ＣＭ分離発注を躊躇させる大きな要因の一つが、住宅にきちんと保険がかけられているかどうか不安だということをよく聞きます。でも、大丈夫です。ＣＭ分離発注での工事には、建て主さん、設計監理者（**ＣＭｒ**[17]）、専門工事業者のリスクを低減し、事故などによる問題を円滑に解決するための**建物補償制度**[18]が設けられています。

ＣＭ分離発注の場合、請負金額が細分化されてしまうこと、または、零細な専門工事業者に発注されることなどにより、その責任が果たされないリスクが生じます。その損害補償責任を保険等により担保することで、問題を円滑に解決しようとするのが建物補償制度です。

品質の保証は、建て主さんと直に契約した各専門工事業者が、それぞれの責任で行います。建築家は、設計と監理について責任を負います。

建築工事のリスクには、

（1）業者の過失、工事ミスにより、他者に与えた損害
（2）工事中の火災、風水害、盗難等
（3）設計事務所、業者の倒産

14　本来あるべき性能を有していない状態をいいます。

15　土地や建物の所有権を最終的に売主から買主へ移転すること。または、住宅を新築する際に、完成した建築物を建設工事やリフォーム工事の施工会社から建築主や依頼主へ引き渡すこと。

16　建設業法で建設業許可を取得している業者のことをいいます。建設業法では、オープンシステムのように分割して工事を請け負う場合、請負金額が500万円以上になる時、建設業許可の取得が必要と定められています。

等がありますが、当然、CM分離発注にも同じリスクがあります。CM分離発注における建物補償制度は、万が一、このような事態が発生した時に、経済的にバックアップする制度です。

建物補償制度は、ハウスメーカーや工務店が取り組んでいる内容と全く変わりませんし、むしろ建て主さんの立場がより考慮されているといってよいでしょう。特に注目すべき点は設計事務所、専門工事会社の倒産により、建て主さんが被った損害を補填してくれる点です。この制度により建て主さんは安心して工事を見守ることができます。

それでは実際に、全国のイエヒト会員が遭ってしまった事故やトラブルを、CM分離発注の建物補償制度でバックアップした事例をご紹介します。

17　CMRは工事規模、内容によって異なりますが、通常は複数の専門家によるチームが組まれることが多いです。このガイドラインでは、チームとして発注者の補助者・代行者の機能を果たすものを「CMR」と表記し、CMRのリーダーとしての個人を「CMr」と表記することとしています。

18　工事中及び引き渡し後の様々なリスクについて、建て主は損害保険会社と各種損害保険契約を一括して締結することにより、包括的な補償が提供されています。

1

建物補償制度

工事中、引渡し後を通じ、3種類の制度で大切な建物を守ります。

設計会員は、建て主と設計監理業務委託契約を締結後、建物登録手続きを行ないます。
登録された建物は、3種類の制度で成り立つオープンシステム補償制度の適用を受けられます。
登録された建物でも、登録手続きが完了しない工事業者は、補償制度の対象となりません。
この補償制度は、設計会員を通じて適用され工事中から引渡し後まで、幅広い補償になっています。
なお、登録された建物は、イエヒトが工事中にWeb検査を行ないます。

工事中

建物の偶然な事故に対する補償

(1) 建設工事保険【保険制度】

補償の内容

工事期間中に、不測かつ突発的な事故が発生し建設中の工事目的物や工事用の仮設物等に損害が生じた場合、その復旧費用を補償します。

補償する額

工事金額の総額を限度に、実際に発生した損害額を補償します。
(免責額:火災 爆発等0円、その他10万円)

建て主の現場見学中の事故に対する補償

(2) 現場見学傷害保険【保険制度】

補償の内容

建て主およびその関係者の方が、オープンシステム会員等を伴い、建築現場の見学を行なっている間に偶然な事故によりケガをされた場合に補償します。

補償する額

死　亡　時:1,000万円
後遺障害時:障害の程度に応じ1,000万円~75万円
入　院　時:1日につき5,000円
(免責額:なし)

作業員の現場での事故に対する補償

(3) 業務上災害保険【保険制度】

補償の内容

登録業者の作業員が、建設現場への通勤途中または工事作業中に業務上の事由により災害事故を被った場合、補償します。

補償する額

死　亡　時:1,000万円
後遺障害時:障害の程度に応じ1,000万円~75万円
入　院　時:1日につき5,000円
(免責額:なし)

通行人や近隣など第三者への事故に対する補償

(4) 請負業者賠償責任保険【保険制度】

補償の内容

工事期間中に、工事ミスにより第三者の身体に障害や第三者の財物に損壊を与えた場合、それによって登録業者が被る法律上の損害賠償を負担することによる損害を補償します。

補償する額

対人賠償:1事故につき2億円まで
対物賠償:1事故につき2億円まで
上記金額を限度に、実際に発生した損害額を補償します。
(免責額:10万円)

設計ミス・工事中のCM業務ミスに関する補償

設計上のミスによる事故や欠陥に対する補償

(8) 建築家賠償責任保険【保険制度】

補償の内容

工事期間中および建物の引渡し後に、設計会員の設計ミスにより、建物に事故が発生した場合、当該事故または事故に起因する第3者の身体に障害もしくは第3者の財物の損壊について、設計会員が被る法律上の損害賠償を負担することによる損害を補償します。

補償する額

対人賠償:1事故につき2億円まで
対物賠償:1事故につき2億円まで
上記金額を限度に、実際に発生した損害額を補償します。
(免責額:10万円)

CM業務ミスによる不具合に対する補償

(9) CMR賠償責任保険【保険制度】

補償の内容

工事期間中、設計会員のCM業務ミスにより、建物に不具合が生じ、工事のやり直しまたは不具合の改善が必要になったことについて、設計会員が被る法律上の損害賠償を負担することによる損害を補償します。

補償する額

対物賠償:1回の請求につき500万円まで
上記金額を限度に、実際に発生した損害額を補償します。
(免責額:10万円)
ただし、1事業年度の支払いが500万円を超える場合は、按分支払いとなります。

2

建物補償制度

安心のオープンシステム補償制度

保険制度

イエヒトでは、工事中および引渡し後の様々なリスクについて、大手損害保険会社との間で７種目８種類の各種損害保険契約を一括して締結し、包括的な補償を提供しています。

検査保証制度

イエヒトでは、引渡し後における保険制度では適用されないリスクについて、工事中の建物施工の検査ならびに保証の運営をしています。

引継補償制度

イエヒトでは、設計会員による相互扶助組織であるオープンシステム建物補償共済会を設置し、工事中、万が一設計会員が死亡した場合、建て主に経済的負担がないよう、設計会員の引継ぎに関わる費用を補償しています。

引渡し後

登録業者の工事ミスによる建物の被害に対する補償

(5) 建設工事保険メンテナンス特約【保険制度】

補償の内容

建物の引渡し後２年間において、工事ミスによって事故が生じた場合、その復旧費用を補償します。ただし、建材・部材・工場製作部材等の製品の欠陥により生じた事故についてはメーカー等の責任になりますので、補償の対象ではありません。

補償する額

工事金額の総額を限度に、実際に発生した損害額を補償します。
（免責額：50万円）

(6) 生産物賠償責任保険【保険制度】

補償の内容

建物の引渡し後10年間において、工事ミスにより第三者の身体に障害や第三者の財物に損壊を与えた場合、それによって登録業者が被る法律上の損害賠償を負担することによる損害を補償します。ただし、同一建物内の他の登録業者が施工した部分等は準第三者の財物とみなし、対物賠償に限り補償します。

補償する額

対人賠償：１事故につき２億円まで
対物賠償：１事故につき２億円まで
上記金額を限度に、実際に発生した損害額を補償します。
（免責額：10万円）

(7)【検査保証制度】

保証の内容

建物の引渡し後10年間において、建物の主要構造部と雨水浸入の防止部分の工事ミスによって他業者の仕事部分に被害が生じた場合、その修補費用を保証します。

保証する額

■住宅瑕疵担保履行法の対象物件

□原因者が住宅瑕疵担保責任保険（１号）の対象業者の場合
もしくは住宅瑕疵担保責任保険（２号）に加入業者の場合

原因調査費用を保証します。

□原因者が上記以外の場合

・原因者が倒産している時は、原因部分修補費用を保証します。
・原因者が健在な時は、原因部分調査費用を保証します。

■住宅瑕疵担保履行法の対象とならない物件

保証期間（引渡しから10年間）を通じて、１棟あたり500万円まで。
ただし、雨漏りについては１棟あたり300万円まで。

免責額
原因者が倒産している場合：なし（かつ保険制度免責額を保証します。）
原因者が健在な場合：10万円・80%縮小てん補

※検査保証制度の保証に関しては、どのケースも下記を適用します。
1. 住宅瑕疵担保責任保険および保険制度の支払いを優先する。
2. 保証の上限は、構造耐力500万円、雨水浸入300万円とする。
ただし、１事業年度総保証限度額の設定があります。
3. 保証の上限金額には、上記1.の支払いを含むものとする。

引継ぎ費用に対する補償

設計会員の死亡による引継ぎ費用に対する補償

(10) 引継ぎ費用補償【引継ぎ補償制度】

補償の内容

工事期間中および建物引渡し後10年の間に設計会員が死亡した場合、円滑にその後の業務を遂行させるために発生する引継ぎ費用を補償します。

補償する額

１会員あたり100万円を限度に、実際に発生した費用を補償します。
（免責額：なし）

■ 住宅瑕疵担保履行法について

住宅の新築は、分離発注も同法の適用を受けます。よって、建設業の許可を有する登録業者（以下該当業者）は住宅瑕疵担保責任保険に加入する必要があります。オープンシステムでは、該当業者が連名で指定保険法人と保険契約することとしています。

■ 住宅瑕疵保険の優先払い

住宅瑕疵担保履行法対象物件は、住宅かし保険からの支払いを優先します。.

オープンシステム建物登録制度とオープンシステム補償制度

オープンシステムは、とてもシンプルな考えによる建築方法ですが、いくつかの問題を含む場合もあります。
①登録業者が、過失により他者に損害を与えてしまったときの経済的賠償能力の問題。
②登録業者の工事ミス・倒産などの問題。
③工事中の火災・風水害・盗難などの問題。
など…。これらの問題に対し、設計会員は、本来、その責任を負う立場にはありませんが、オープンシステムを建て主にお勧めするからには、現実的に有効な問題解決方法を用意する必要があります。

オープンシステム建物登録制度に付随するオープンシステム補償制度は、その問題解決のために用意したものです。オープンシステムで建築される建物は全て、設計会員によりイエヒトに建物登録してください。

登録された建物は設計会員を介し、オープンシステム補償制度などのサービスを受けることができます。

建物登録するための登録料は以下の通りです。

■ 建物登録制度の概要

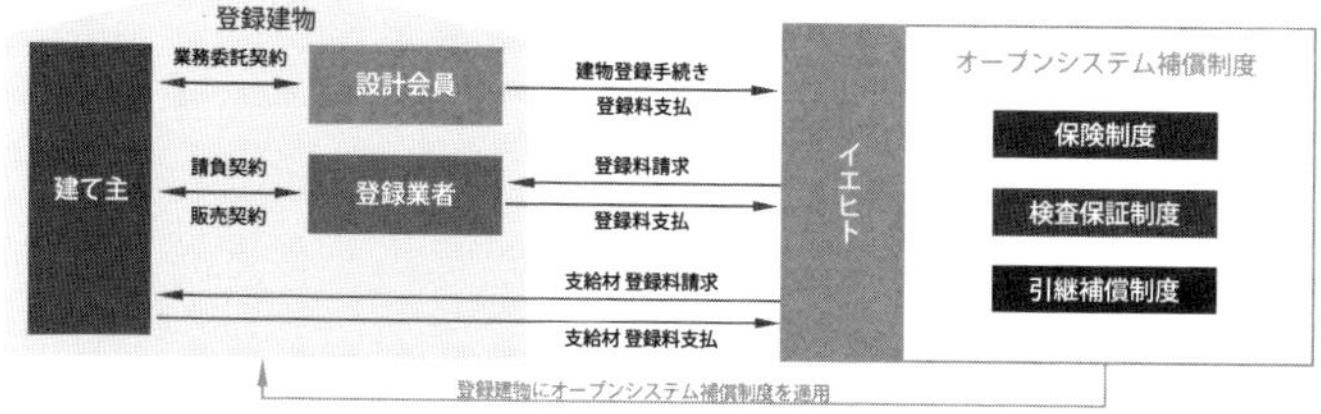

■ 建物登録料金表（別途 要消費税）

建物登録料＝業務委託報酬額 または 受注金額（消費税込）× 料率

登録タイプ		設計会員	登録業者	
			業者会員※1	業者会員以外
住宅瑕疵担保履行法に該当する物件	Z 登録	0.5%	1.0%	2.0%
改修工事で日本建物検査 (NTK) 検査対象外の物件	R 登録	0.5%	1.0%	2.0%
上記以外の物件	Y 登録	0.5%	1.5%	2.5%

※1 業者会員は、別途入会金・年会費が必要です。
金額につきましては、イエヒトまでお問合せください。

■ 建物登録料の支払い

設計会員		工事着工前にイエヒトに銀行振込み
登録業者	業者会員	イエヒトより請求 同封の払込み用紙にて支払い （請求書記載の支払い期限を遵守してください）
	業者会員以外	

■ 建物登録制度の対象となる業種

設計会員		CM 業務を含む設計監理業務
登録業者	業者会員	物品販売※2 を含む、 工事に関わる全ての業種
	業者会員以外	

※2 物品販売のうち、建て主が通信販売、ホームセンター、家電店等で購入した部品は対象外とします。この場合、補償制度の対象になりませんが、建て主が登録料を支払うことで、対象とすることができます。

このパンフレットはオープンシステム会員用説明資料であり、オープンシステム補償制度の概要を説明したものです。

株式会社イエヒト
683-0853 鳥取県米子市両三柳 5056
T 0859-37-3343 ／ F 0859-37-3344
URL：www.iehito.co.jp　mail：info@iehito.co.jp

2016.01.01

4

建物補償制度

《事例1》 工事中の屋根仕上げの毀損事故

これは、足場を解体する際に誤って足場材を落とし、屋根仕上げに傷をつけてしまったケースです。屋根仕上げや壁との取り合い部分の水切りがへこんでいます。

通気部材のへこみ

雨押え部材のへこみ

屋根材のへこみ

補修内容は、毀損した屋根の葺き替えと壁取り合い水切りの交換です。屋根の葺き方の工法上、一部の屋根材を撤去することができなかったため、関連する部分すべての屋根材の葺き替えが必要となりました。防水シートにも不要な穴が開くために、併せて張り替えを行っています。

保険金支払いは、請求額17万４９６０円に対して、満額が認定されています。

《事例2》　床下漏水事故

この事例は、1階の床下を地下収納として利用するために、基礎の底盤を周辺の地盤よりも低く設計したものです。基礎の底盤と立ち上がりのコンクリートの打ち継ぎ部分から浸水する可能性が高いため、止水材が施工されていますが施工にミスがあり、基礎と断熱材の間に雨水が浸水し、水が抜けない事態になっています。

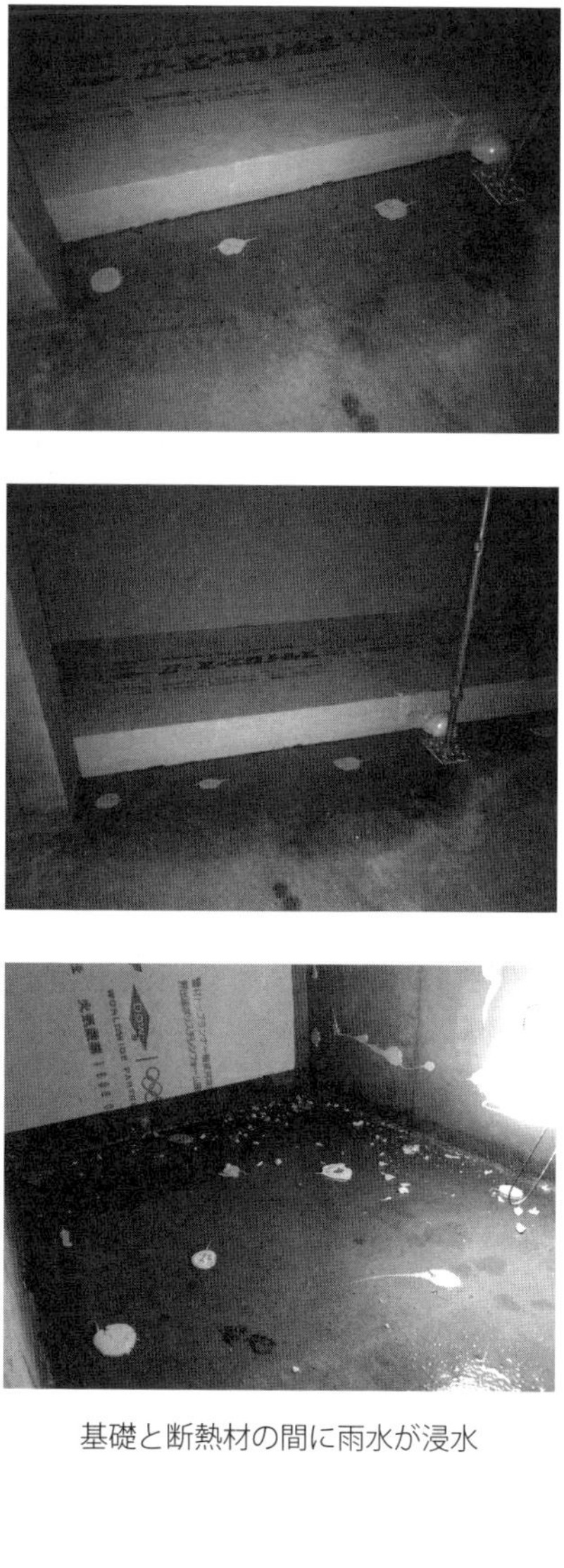

基礎と断熱材の間に雨水が浸水

補修内容は、断熱材をすべて剥ぎ取り、新たに敷設する必要がありました。保険金支払いは、請求額25万４８８０円に対して、満額が認定されています。

また、新たに浸水を防ぐために、基礎の外周に防水措置を講じていますが、この費用は止水材の施工をした原因者である基礎業者が負担しています。

《事例3》　外壁雨水浸水事故

この事例は、外壁を貫通する換気扇ダクトの周辺より浸水したケースです。換気扇やダクトの周囲の防水措置に不備があることが原因です。外壁内の充填断熱材（繊維系）が浸水し、室内内装壁のマグネットクロスも吸水してしまい、性能を毀損しています。

雨漏り部全景

換気扇フード防水施工不備

マグネットクロス継ぎ目

マグネットクロス下に水滴

補修内容ですが、換気扇貫通部の防水処理にかかる費用は、原因者である電気設備業者が負担しました。よって、断熱材の交換とマグネットクロスの張り替えにかかった費用の27万４７５２円満額が認定されています。

補償制度は、事故調査報告書に基づき、約款、規約に基づいて審査が行われます。事故内容によっては、対象とならない場合もあります。例えば、地震が原因による損害、自動車による損害、専門工事会社が自分の工事部分を壊してしまった場合、建て主さんご自身で壊してしまった場合等です。

第10章

業務の手間を軽減

～ＣＭ分離発注に興味のある建築家の方たちへ

業務支援プログラムで煩雑さを解消

第6章で紹介したオープンシステムには、草創期の頃、CPD研修会という会員同士の勉強会や情報交換の場がありました。その研修会では、参加者の間からよく次のような意見が出ていました。「CM分離発注は、とても煩雑なので、取り組んでいる多くの設計者が書類づくりや報告業務に忙殺されている。これらの負担を少しでも軽くすることはできないだろうか」というものです。

私は、CM分離発注の講演会を全国でやっていますが、聴講者のみなさんは、関心はそこそこあるのだけれど、「手間を考えると踏み切れない」という方がほとんどでした。それは当然です。建築家の私だってなかなか踏み切れなかったのですから、同業者、ましてや一般の方が面倒くさいと思うのは当然なのです。

でも、先進国であるはずの日本が特に立ち遅れている分野の一つが建設生産方式の多様化であり、そこを推し進めるのも建築家のミッションだと私は思います。だから煩雑さを軽減するには、簡単に誰でも入力可能なソフトをつくる必要があると思っていました。

ポイントは、何十種類もの書式をWEB上で自動作成し、行うべき業務が抜け落ちないようにプログラムされていること。そんな書類作成における煩雑さの軽減と業務の質が確保できる、一石二鳥のソフトをつくろうと私は決心しました。

当時は完成するまでに気の遠くなるような作業が予測されながらも、私と横浜の建築士の二人で業務支援ソフトを作り始めました。その後、イエヒトの共同作業となってから2年、多少粗さはあるもののソフトが完成し、会員専用WEBサイトで試運転が開始されました。

さらに2年後、試運転を通して改善を重ねたソフトが２００６年9月から正式に運用されるようになりました。

業務支援ソフトの特徴と内容

まず、会員事務所はパスワードで専用WEBサイトにログインします。パスワードは暗号化されていて、他の事務所もサイトの管理者も各専用ページにログインすることはできません。事務所ごと、物件ごとに管理され、書類づくりや報告を行うことができます。最も特筆すべきは、工事監理の重点事項を整理し、特定検査項目を定めたことです。

木造住宅を例に挙げますと、36の検査項目のうち15項目を指定検査項目と定めます。それぞれの検査項目には書式が用意され検査方法と結果を記入します。

指定検査項目は、記入後に登録すると、その内容がイエヒトにメールで送られてきます。設計事務所が確かに検査したということを、イエヒトでも確認する仕組みになっています。

業務支援ソフトはかなりの部分で私の設計・監理手法も取り入れられました。全体を

①受託前の業務
②基本設計業務
③実施設計業務
④見積もり・業者選定業務
⑤工事監理業務

⑥完成後

の業務で構成しています。

従来の設計・監理業務に比べて、最も違うところは、④見積もり・業者選定業務と⑤工事監理業務です。他は従来のものと基本的には変わりませんが、各業務内容の深度が深くなりますので重要ポイントを付け加えました。

ＣＭ分離発注は、見積もり・業者選定業務及び工事監理業務における書類作成や報告項目が膨大になります。それゆえに競争原理の活用と工事価格の透明化、そして施工品質が確保されるともいえます。業務支援ソフトは、ここに重きを置いて開発されています。

お陰様で、このソフトを利用することで、ＣＭ分離発注に関わる事務作業が大幅に軽減されたという喜びの声を多数いただいております。

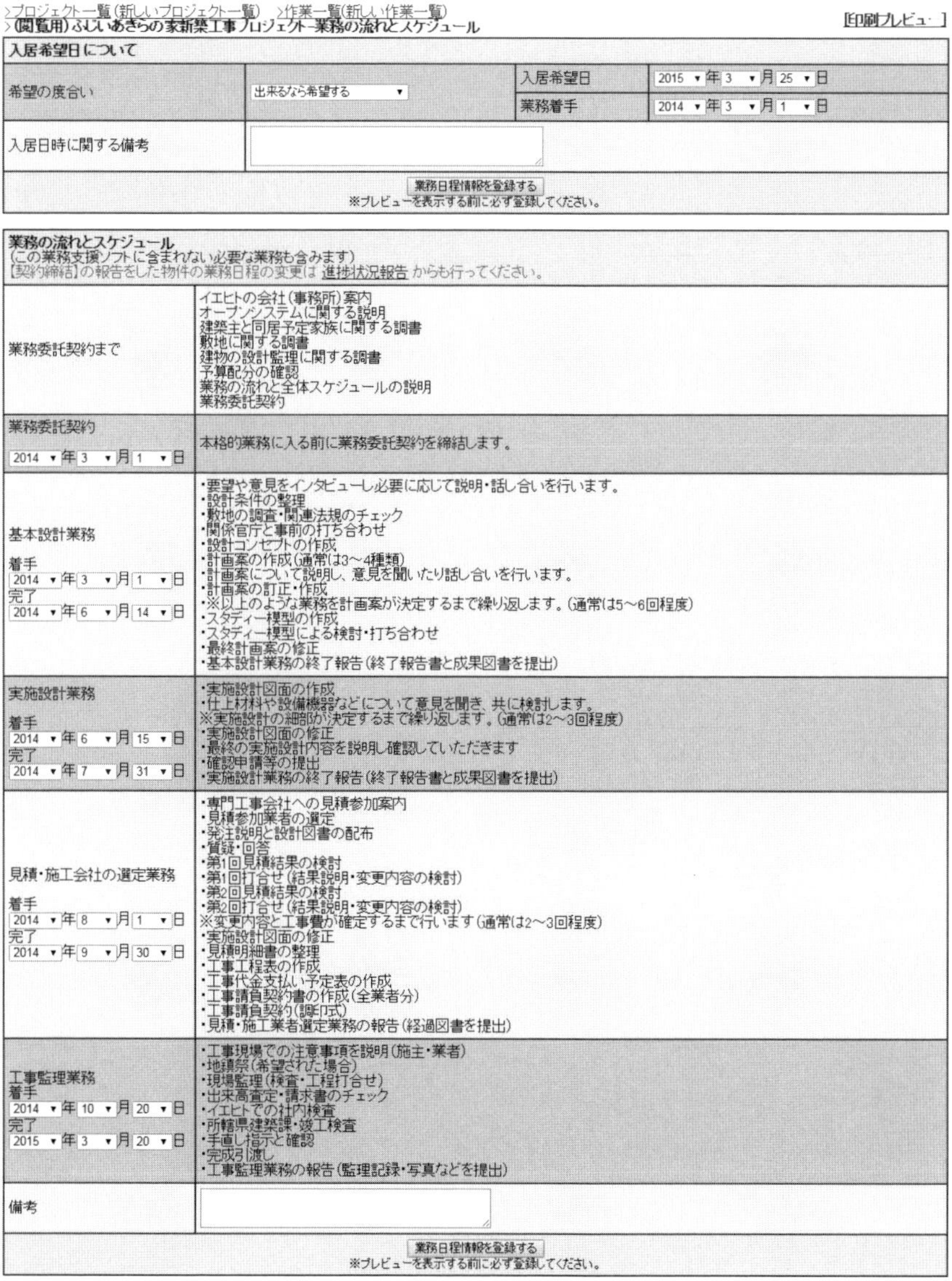

>プロジェクト一覧（新しいプロジェクト一覧）　>作業一覧(新しい作業一覧)
>（閲覧用）ふじいあきらの家新築工事プロジェクト–業務の流れとスケジュール　[印刷プレビュー]

入居希望日 について			
希望の度合い	出来るなら希望する ▾	入居希望日	2015 ▾ 年 3 ▾ 月 25 ▾ 日
		業務着手	2014 ▾ 年 3 ▾ 月 1 ▾ 日
入居日時に関する備考			
業務日程情報を登録する ※プレビューを表示する前に必ず登録してください。			

業務の流れとスケジュール （この業務支援ソフトに含まれない必要な業務も含みます） 【契約締結】の報告をした物件の業務日程の変更は 進捗状況報告 からも行ってください。	
業務委託契約まで	イエヒトの会社（事務所）案内 オープンシステムに関する説明 建築主と同居予定家族に関する調書 敷地に関する調書 建物の設計監理に関する調書 予算配分の確認 業務の流れと全体スケジュールの説明 業務委託契約
業務委託契約 2014 ▾ 年 3 ▾ 月 1 ▾ 日	本格的業務に入る前に業務委託契約を締結します。
基本設計業務 着手 2014 ▾ 年 3 ▾ 月 1 ▾ 日 完了 2014 ▾ 年 6 ▾ 月 14 ▾ 日	・要望や意見をインタビューし必要に応じて説明・話し合いを行います。 ・設計条件の整理 ・敷地の調査・関連法規のチェック ・関係官庁と事前の打ち合わせ ・設計コンセプトの作成 ・計画案の作成（通常は3～4種類） ・計画案について説明し、意見を聞いたり話し合いを行います。 ・計画案の訂正・作成 ・※以上のような業務を計画案が決定するまで繰り返します。（通常は5～6回程度） ・スタディー模型の作成 ・スタディー模型による検討・打ち合わせ ・最終計画案の修正 ・基本設計業務の終了報告（終了報告書と成果図書を提出）
実施設計業務 着手 2014 ▾ 年 6 ▾ 月 15 ▾ 日 完了 2014 ▾ 年 7 ▾ 月 31 ▾ 日	・実施設計図面の作成 ・仕上材料や設備機器などについて意見を聞き、共に検討します。 ※実施設計の細部が決定するまで繰り返します。（通常は2～3回程度） ・実施設計図面の修正 ・最終の実施設計内容を説明し確認していただきます ・確認申請等の提出 ・実施設計業務の終了報告（終了報告書と成果図書を提出）
見積・施工会社の選定業務 着手 2014 ▾ 年 8 ▾ 月 1 ▾ 日 完了 2014 ▾ 年 9 ▾ 月 30 ▾ 日	・専門工事会社への見積参加案内 ・見積参加業者の選定 ・発注説明と設計図書の配布 ・質疑・回答 ・第1回見積結果の検討 ・第1回打合せ（結果説明・変更内容の検討） ・第2回見積結果の検討 ・第2回打合せ（結果説明・変更内容の検討） ※変更内容と工事費が確定するまで行います（通常は2～3回程度） ・実施設計図面の修正 ・見積明細書の整理 ・工事工程表の作成 ・工事代金支払い予定表の作成 ・工事請負契約書の作成（全業者分） ・工事請負契約（調印式） ・見積・施工業者選定業務の報告（経過図書を提出）
工事監理業務 着手 2014 ▾ 年 10 ▾ 月 20 ▾ 日 完了 2015 ▾ 年 3 ▾ 月 20 ▾ 日	・工事現場での注意事項を説明（施主・業者） ・地鎮祭（希望された場合） ・現場監理（検査・工程打合せ） ・出来高査定・請求書のチェック ・イエヒトでの社内検査 ・所轄県建築課・竣工検査 ・手直し指示と確認 ・完成引渡し ・工事監理業務の報告（監理記録・写真などを提出）
備考	
業務日程情報を登録する ※プレビューを表示する前に必ず登録してください。	

業務支援サイト

エピローグ

納得した上で、業務を行いたい

ここで私の仕事の一端をご紹介させていただきます。

まず、設計に取り組む前に建て主さんのその時点での住まいを調査します。持家であっても、借家であっても今の生活を詳しく調べるのです。どこが不便か、どこが使いやすいかなどを計画調書にまとめます。

そして、建築予定地を詳しく調査します。そこから何が見えるか。周囲に何が建っているか。必要に応じて高所作業車をチャーターし、2階から見える景色を確認することもあります。できるだけ土地の特性を生かしたいからです。

そして、何種類もの計画案をつくり、建て主さんの潜在的な要望を引き出します。そして設計条件の優先順位を明確にしたうえで、パターンを絞り込んでいくのです。

また、検討用の模型もつくります。時には、同じ平面の屋根だけを何種類も作ります。また時には、構造体の模型をつくることもあります。

実施設計の終盤では詳細な予算書（案）をつくります。予算オーバーの場合には、数多くの減額案を作成し予算内に収まるように建て主さんに提案をします。その後、予算内に収まる実施設計図と予算書に修正します。さらに発注説明会を開催して、数十社の専門工事業者から見積書を徴収し、見積比較表にまとめます。

こうしたことをやっていると、他の設計事務所から、「そこまでやるのか」とか「無駄な作業ではないか」と呆れられることもしばしばです。でも納得したうえで業務を行いたいという気持ちが強いので、そういう意味では私は根っからの設計職人なのかもしれません。

建築現場を「陽のあたる場所」に

私は、CM分離発注によって価格構成を「見える化」することが最大の利点だと述べてきましたが、さらにもう一つの狙いをお話ししましょう。

それは、建設産業とりわけ住宅のような小規模工事において、工事を担う専門工事業の人々に「陽のあたる場所」を提供することです。

建築工事は地場産業であり、その地域の人々の手によってつくられます。かつては、大工さんや左官屋さんなどとして「顔の見える関係」で工事を担っていました。工事代金の多くは地方の中で廻り、地方経済を支えていたと思うのです。

しかし、今は下請けや孫請けとして日陰にかくれてしまい、誇り高き職人気質が発揮される場が失われつつあります。「顔の見えない関係」は誇りも伝統技術も失わせ、後継者のいない瀕死の状態を招いています。今や工事代金のほとんどが中央へ流れ、地方経済も破たんの道を歩んでいると言わざるを得ません。

高齢化が進み後継者のいない、育てようともしていないこの現状は小さな単位で見ればささいなことかもしれませんが、広い視野で見渡せば深刻な状態であり、建設産業の将来に大きな影を落としていると思います。本当は、誰もが気づいているはずなのに、見て見ぬふりをしていていいのでしょうか？

もう一度、本来の「顔が見える関係」に回帰することはできないのでしょうか？　一人の建築家がどんなに声を大にして叫んだとしても、限界があることは分かっていますが、たった一人でも声をあげて実践していくことが、そのきっかけになると信じて、私の挑戦は今も続いています。

本書を読んで、読者のみなさまが価格の見える家づくり、ＣＭ分離発注に興味を持っていただけたら、著者として嬉しく思います。

【参考文献】

『日曜日の住居学』河出文庫、宮脇檀
『宮脇檀の「いい家」の本』ＰＨＰ文庫、宮脇檀
『男と女の家』新潮選書、宮脇檀
『それでも建てたい家』新潮文庫、宮脇檀
『新・３ＬＤＫの家族学――子供に個室はいらない』グロビュー社、宮脇檀
『最新版　はじめての家づくり基本レッスン』主婦の友社

【著者紹介】
本間貴史（ほんま　たかふみ）
一級建築士。株式会社本間総合計画代表取締役。国立宮城高専建築学科卒業。14歳の時に建築家になる夢を抱き、現在まで真っ直ぐ建築の道を歩んできた。26歳で一級建築士を取得し、住宅をはじめ商業施設や福祉施設の設計に携わる。これまでの日本の建設生産方式に疑問を抱き、2001年よりCM分離発注方式に取り組む。2016年には上海事務所を開設し、海外での活動も活発に行っている。日本や中国でのTV出演や講演多数。

（株）本間総合計画ホームページ　http://www.hom-ma.co.jp

理想の注文住宅を建てたい！
価格の見える家づくりの教科書

2020 年 5 月 7 日発行

著　者――本間貴史
発行者――駒橋憲一
発行所――東洋経済新報社
〒103-8345　東京都中央区日本橋本石町 1-2-1
電話＝東洋経済コールセンター　03(6386)1040
https://toyokeizai.net/

装　丁…………山田英春
ＤＴＰ…………アイシーエム
印刷・製本……廣済堂
編集協力………ミサオタグチコンサルティング
編集担当………岡田光司

ISBN 978-4-492-04665-4